まんがでわかる

# ECビジネス

[著]
仲山進也
[まんが]
高田千種

小学館

# 目次

プロローグ　立て直し……5
はじめに……14
第1章　開設　ネットショップ開設の手順と最初の壁……17
解説1「ネットショップ開設・集客」の誤解を解く……40
チームで共有するワーク　集客の視点……48
第2章　お客さん視点　売れないページ、3つの誤解……49
解説2「お客さん視点」の誤解を解く……68
第3章　商品企画　購入決定へのハードルを下げる……71
解説3「商品ページのつくり方」の誤解を解く……94
チームで共有するワーク　接客の視点……104

## 第4章　増客
リピートやクチコミが増える接客 …… 105
解説4　「リピーターの増やし方」の誤解を解く …… 130

## 第5章　消耗戦
広告の2つの使い途と落とし穴 …… 139
解説5　「成長とは何か」の誤解を解く …… 160
チームで共有するワーク　売上の公式 …… 165

## 第6章　笑顔と絆
ショッピング・イズ・エンターテインメント！ …… 167
解説6　「なんのために働くのか」の誤解を解く …… 184
チームで共有するワーク　トラブル対応の秘訣 …… 188

## エピローグ …… 190

あとがき …… 200

# 主な登場人物

## 藤屋 陽
（とうやはる　26歳）

井伊洋菓子堂に現れた
謎のスイーツ男子。
ネットショップに詳しく、
駒子に様々なアドバイスを。

## 井伊駒子
（いいこまこ　28歳）

東京でOLをしていたが、
実家の洋菓子店の
経営危機を救うため、
ネットショップを始めることを決意。

## 井伊育美
（いいいくみ　55歳）

駒子の母で、
主婦のかたわら
洋菓子店を手伝う。
おっとりした性格だが、
しっかりした面も。

## 井伊正造
（いいしょうぞう　58歳）

駒子の父で、
井伊洋菓子堂の店主。
地方の小さな町で
味を守り続けている
頑固なパティシエ。

※このまんがはフィクションです。取材をもとに構成していますが、実在の人物・団体には関係ありません。
※まんがや記事の中の情報・データは2019年10月現在のものです。

# プロローグ
# 立て直し

実家の洋菓子店の危機を救うため、
ネットショップを開業する決意をした井伊駒子。
物語を通じて、商売が軌道に乗るまでの流れや
持続的な成長のための考え方を紹介していきます。

ふぁー
……
カタ
カタ
井伊駒子《いいこまこ》
28歳　派遣社員
都内商社勤務
カタ
カタ
課長 それ
新しいスーツ
ですか?
おっ わかる?
実は先週
ネットショップで
注文してさ

ブー
ブーッ
実物見なくても
いけるもんだな
メッセージ
母：お父さんが倒れた
すぐ帰ってきて！
すみません
課長…！
プァァァン
なに
東京の
大学に進学
したいだ？
進学するなら
地元の大学に
行け！
私は東京に出て
自分の可能性を
広げたいの！

お父さんみたいに
田舎に埋もれたく
ない！
パアン
そりゃ
仲の良い親子じゃ
なかったけれど…
お父さん…
井伊
洋菓子堂
手作りケーキの店　井伊洋菓子堂
ワーワー

めっちゃ
元気なんですが?
よしっ そこで 四つに組め!
のこった のこったー
ん
井伊正造《いいしょうぞう》
58歳
ばっ
ゴッ
ゴッ
なぜ隠れる
バレてるぞ
お母さんから連絡があってお父さんが倒れたって…
そろ〜り
おおげさな
フンッ
駒子!
でも一時は本当に危なかったのよ
井伊育美《いいいくみ》
55歳
救急車で病院に運ばれてね

これくらい どうってことはない
俺は30年間休まず店を… 井伊洋菓子堂を続けてきたんだ
味を守り続けて 不景気だって 乗り越えてな
………
ならまあ いいけど
じっ
駒子 ふけたな
なっ
ガーンッ
おまえももう 30歳か
男の一人や二人 連れてこい
久々に会った のにソレ!? まだ28歳 よっ!!
同じような もんだろ
全然 ちがうっ
心配して損した…
ムカムカッ
まあお父さん 駒子の顔見たら うれしそう
どこがよ

お父さんの強がりは 今に始まったことじゃないけど
手作りケーキの店 井伊洋菓子堂
本当はお店厳しいの
地方の小さな町だから仕方ないんだけど
お客さんもずいぶん減っちゃって
地方発送承ります
ガランッ…
売上も以前の半分以下
今は従業員さんも雇えなくて
だから お父さんなんでも一人で抱え込んで
とうとう
倒れちゃったの
せめて手伝ってくれる人がいればねえ
店番とか掃除とか配達とか…
住み込みで働いてくれて気心が知れてておお給料安くてもできれば若い人がどこかにいないかしら
ペラペラ
猫の手もかりたい…
お母さん心の声がだだもれっ

お父さんの焼菓子は
やっぱり美味しい
東京にも
こんなのなかった
どかっ
でも今のままじゃ
お店潰れちゃうよ
私が戻って
お店手伝ったって
この町のお客さん
だけじゃ やって
いけないしな
はっ
そうだ!!
なんだ
話って

あのね 私
会社辞めて
この町に戻って
お店手伝う
それで…
この店の商品を
インターネットで
売るわ!!
はあ!?
今はネットショップで
なんでも売ったり買ったり
できる時代だよ!!
詳しい知識とか
全然ないけど
なんとかなる
……多分!!
まあ そういう
見切発車的
なとこ
お父さんソックリ
それで経営悪化
したのよ〜

# はじめに

## 変化の激しいECの世界で「20年間ずっと変わらないこと」

「わが社もいよいよEC（Eコマース、電子商取引）ビジネスに取り組まなければいけない」
「会社からECサイトの立ち上げを命じられた。しかもほぼ丸投げ」
「ECサイトを立ち上げたけど、全然売れない」
「売れるようになったけど、全然儲《もう》からない」
「競合が増えてきて、価格競争が激しい」
「せっかく売れたモノがすぐマネされる」
「巨大ECサイトの台頭や大手メーカーの参入で、中小企業では太刀打ちできない」
「リアルとネットの融合って、どう考えたらいいのだろう」などなど、
この本を手に取ってくださった方の問題意識はこんなふうに多岐にわたっていると思います。

ビジネスの世界が「VUCA（ブーカ）」になったといわれるようになって数年が経ちます。
すなわち、変化に富んでいて（Volatility）、確実な正解がなくて（Uncertainty）、複雑にか

らみ合っていて（Complexity）、見通しが曖昧《あいまい》（Ambiguity）になってきていると。

私が身を置くＥＣビジネスの世界は、１９９０年代の黎明期《れいめいき》からずっとVUCAです。しかも変化のスピードが急激なので、３年前にうまくいっていたやり方が賞味期限切れでまったく通用しなくなる、というのはふつうのことです。

私はそんなＥＣの世界で、20年間にわたって数万店舗のネットショップを見続け、直接または間接的に支援してきました。いろんな成功事例・失敗事例があります。数字が伸びて成功だと思っていたことが、のちに「あれが失敗の元だった」という評価に変わるようなシーンも少なからず見てきました。

一方で、長く見てきたからこそわかる「20年間ずっと変わらないこと」もあります。「ここを誤解していると次へ進めない」という落とし穴の数々。そして、楽しそうに仕事をしている人たち（かつて落とし穴に落ち、気づきを得て、自らを変化させてきた人たち）が口を揃えて言う「商売の本質」や「あり方」です。

この本は、まんがのストーリーの力を最大限に活かして、ＥＣビジネスを考えるにあたって大切になる本質的な視点を、できる限りわかりやすく凝縮しようという試みです。

というわけで、本書はこんな方にならお役に立てるはずです。

・落とし穴（よくある誤解）を知っておきたい
・考え方のよりどころとなるフレームワークを知りたい
・消耗戦を抜け出すヒントを得たい
・実店舗の商売で培《つちか》った経験をＥＣに活かすヒントを得たい
・新人に「ウチの店もこういう経緯で今があるんだよ」と共有する機会をつくりたい
・仕事が楽しくなるヒントを得たい

ハナシが長くなってしまいました。それでは、まんがの続きをどうぞ！

# 第1章
# 開設

## ネットショップ開設の手順と最初の壁

商売をなめるな！
洋菓子堂
なにがインターネットだ
お客さんと直接対面せずに物を売るなんて商売とはいいえん
その考え方が古いの！
地元のお客さんだけじゃやっていけなくなってるんでしょ？
お父さんは今までどおりお菓子を作って
私が店番しながら手が空いた時にお店のページを…
駄目だ！
私だって
家のピンチに役に立ちたいよ…

ガラ
勝手にしろ
ピシャッ
くっ…
駒子――
手伝ってくれるのはうれしいけど
東京の仕事は大丈夫なの？こっちに戻ってこられるの？
うん…最初の会社辞めてからはずっと派遣で いろんな会社転々としてて…
コク
うっ やばい 寝そう
今の仕事も正直やりがいを感じてなかったし
もうすぐ契約期間も切れるし どうしよう かなーって思ってたとこ
えへへ
まあぁ
でも
一番の理由は

お父さんの
お菓子が
好きだから
……カナ
ドタ
あ～っ やっぱり
私この店
潰れてほしく
ないよ
お父さんの
お菓子
日本中の人に
食べてもらえ
たらなあ
駒子ったら
すっかり大人に
なって…
契約切れで
先々決めてないとか
無計画というか
無謀だけど
ペラ
ペラ
お母さん 心の声っぽく
しゃべってるけど
全部口に出しちゃっ
てるから

手作りケーキの店　井伊洋菓子堂
ドサ
ネットショップ入門
マル秘テクニック大公開
まずは無料サービス使って　お店のページ作っちゃお
その中で商品売ろう
お店の制服
売れればお父さんだって認めてくれる
…はず！
超初心者の
はじめてのネットショップ開設まで
井伊洋菓子堂
MY ネットショップ
Dream Note
HTMLとかの技術がなくてもできる
①ネットショップのコンセプトを決める
誰になにを売るかを書き出す
日本中の人にうちのお菓子を売る！
サラサラ

具体的な目標を設定する
えーっと…
ネットショップ開設は1週間後？
パソコンもあるし写真はスマホでパパッとアレして
仕入れ値もうちの商品だから0円でしょ
開店資金は？
インターネット代
出店代
仕入れ
売上目標を立てる
1500円（税別）
売る商品はとりあえず
焼き菓子セットでいっかなー？
1か月でだいたい50セット…
いや100セットは売れるでしょ
多分！
②利用するネットの無料サービスを決めて申し込む
お店のドメインを決める…？
ネット上の住所ってやつね
https://
テキトーに…

ゲッ
特定商取引法に基づく表記
販売業者名
代表責任者
所在地
電話番号
メールアドレス
『特定商取引法に基づく表記』って!?
特定商取引法で定められた通信販売サイトに明記する項目
・事業者名
・責任者の名前
・所在地
・電話番号など連絡先
・支払い方法および支払い時期
・商品代金以外の必要料金（送料など）
・申し込みの有効期限
・商品引渡し時期
・不良品の取扱い
・返品について
カタ
カタ
む　難しい
テキトーに入力だけしちゃおっ
※きちんと明記しないと特定商取引法違反となります
うちは実店舗あるしお父さんが許可取ってるからそこは楽だわ
フン
ほっ
※ネット上で食品を販売するには「食品衛生責任者の免許」「食品衛生法に基づく営業許可」の取得が必須です
③決済方法　配送方法を決める
決済方法の設定
クレジットカード
キャリア決済
銀行振込
コンビニ決済
後払い決済
○○Pay

決済方法は
クレジットカードと
銀行振込だけでいいっか
他よくわかんないし
カタ
カタ
配送はいつも
お世話になってる
かわうそ運送でOK
ふー
…けっこう
決めなきゃ
いけないことが
多いのね
④ページのデザイン
テンプレート選び
シンプル
カワイイ♡
オシャレな
カフェみたい
⑤商品写真を
撮影する
スマホでいいよね
カシャ
カシャ
カシャ
構図とか
よくわかんないや
こんな感じで
いっかな？
カシャ

ありがとうございました
⑥商品名 価格
商品説明を
入力する
「自慢の焼き菓子の
セットです
贈り物にどうぞ」と…
商品の写真は
ドラッグ＆
ドロップで
スス…
ぎゃーーっ
プレビュー
バタ
バタ
そして―
あーもう
写真撮り直し～
⑦公開する
公開・更新
で 出来たっ！
ウェブサイトを
作るのって
けっこう大変
なのね
抜けがら。
まじまじ。

井伊洋菓子堂
街のちいさな洋菓子店です。
II YOGASHIDO
まあ ちょーっと シンプルな気は するけど
こんなもん でしょ！
初めてで これだけ作れたら 上出来よ！
あとは注文を 待つだけ
井伊洋菓子堂
ウッシッシ
翌日
ソワ ソワ
チラ
3日後
受注0件
ま、まあ 最初はこんなもの？
1週間後
注文メールは…
チラ
食事中に スマホを するな!!

※PV…サイト内のページがアクセスしたユーザーによって表示された回数。

あれのどこが
いけないんだろ
そもそも人が
来ないんじゃ
買ってもらえない
商売を
なめるな！
素人が
ネットショップで
成功するなんて
ポツリ
やっぱり
無理だったのかな…

手作りケーキの店　井伊洋菓子堂
ボヘ〜…
じーっ
はっ
……
お お客様ですか？
いらっしゃいませー！
井伊洋菓子堂
キョロ
キョロ
初めて見る顔だわ なんか怪しい人…
試食

ザッ
ばっ
!!
ちょっと お客様!!
モギュ モギュ
…うっ
美味い!
フロランタンは普通 アーモンドヌガーが ねっとりして口の中で クッキー層と分離 してしまう
が この店のは サックリしていて 食感が良い バターの風味も高い
☆5つ 満点だ
こんな片田舎に 俺の知らない隠れた 名店があったとは
フラァ
ウカツ
お姉さん これ 東京では 買えませんよね?
えーと
買えます!

は？
お店のネットショップがあります！ でもまだ一度も売れたことがなくて…その…
最近オープンしました
ネットショップ？
こ
売れたことがないっていうか
全然 人が来ないんですよね
ボツリ
人が来ない？
チョコケーキ
ショートケーキ
お姉さん
〝集客〟はどうしてますか
あー えっと…
特になにも
ふーっ

怠惰《たいだ》ですね
は。。。？
怠惰って いうのは 怠《なま》けてるって 意味です
それくらい わかります
いくらお客様でも ひどくないですか？
私 一生懸命 やってます
あなた一体 なんなんですか⁉
俺は 藤屋《とうや》 陽《はる》
通りすがりの スイーツ男子です
…なに そのポーズ

俺が怠惰って言ったのは
ネットショップを開設しっぱなしで
その後何もしないで受身だからですよ
始めたばかりのネットショップは例えるなら
太平洋の無人島に出店したようなもの
NET SHOP
集客しないで人が来ると思いますか？
数年に一度位は船が通りかかるかもしれませんが
ボボボボ
オーイ
それじゃあ困るんです
ネットで成功しなければうちの店は…！

仕方ない
フロランタンの礼にネットショップの集客の基本を話しましょう
まずはグーグルなどのサーチエンジンで検索されやすいキーワードをウェブサイトに盛り込むことからですね
これは〝サーチエンジン最適化〟と呼ばれます
例えば「スイーツ 低糖質」と検索するお客さん向けの商品があるなら
スイーツ 低糖質
スイーツ 低糖質
客
ちゃんと「低糖質」というワードをページに盛り込んでおく
次にプレゼント企画
お客さんのほうから積極的にプレゼント情報を探して店に来るわけではないから
情報サイトに登録して入り口を増やすという意味です
100名様 プレゼント
プレゼントは無料のコンテンツでもOKです
レシピ[スコーン]
レシピをレシピサイトに投稿するのも入り口を増やすことになります

※バナー広告…インターネットのサイトなどに表示される旗（バナー）状の広告。クリックすると指定されたサイトにジャンプする。
※アフィリエイト・プログラム…成果報酬型のインターネット広告。サイト運営者がリンクを張った商品が売れた場合、報酬が発生する。

他には店の宣伝物や配布物にはウェブサイトのQRコードを載せること
ウェブサイトにアクセスしやすくなる
伊洋菓子堂
…とまあだいたいこんな感じです
つまりネットショップの集客とは
お店の入り口を増やすことと見つけてもらいやすくすることなんです
うぐぐ…
たしかにどれも効果がありそうなんですが
細々してるというか その…
めんどくさそう
こういう地道な広報がとても大切なんです
やれやれ「めんどくさい」と言いたそうですね
たとえば メール1通送るにしても署名欄にお店のURLを入れることも長ーい目で見れ……

ば……
……
ピタ
ギィ…
フロランタン分はここまでだな
じゃ
えっ あ あの…
カランコロン
変なお客さん
買ってないからお客さんじゃないか。
だけど
ネットショップ集客方法
□サーチエンジン最適化
□プレゼント企画
□広告
□メール、ブログ、SNS
□宣伝物、配布物
□QRコード
私 どれもやってなかったんだ
試してみたい!!

井伊洋菓子堂のTwitter
街のちいさな洋菓子店です。
II YOGASHIDO
井伊洋菓子堂
街のちいさな洋菓子店、井伊洋菓子堂の公式ツイッターです
おすすめのお菓子や、お店の情報などを時々つぶやきます
フォローしてくれるとうれしいです。
ツイート
ツイートと返信
メディア
井伊洋菓子堂
ツイッター始めました、よろしくお願いします！
井伊洋菓子堂の
看板猫
ブログ
井伊洋菓子堂
県T市にある、ちいさな
洋菓子のお店です。
ネットショップにて当店
焼菓子セットが買える
なりました。
URL https://
ネットショップはじめました
チラシどうぞ
ブルル
ブルル
はい もしもし
井伊さん 久しぶり
ツイッター見たよ
M先輩！
実は今 ネットの
情報サイト
担当しててさ

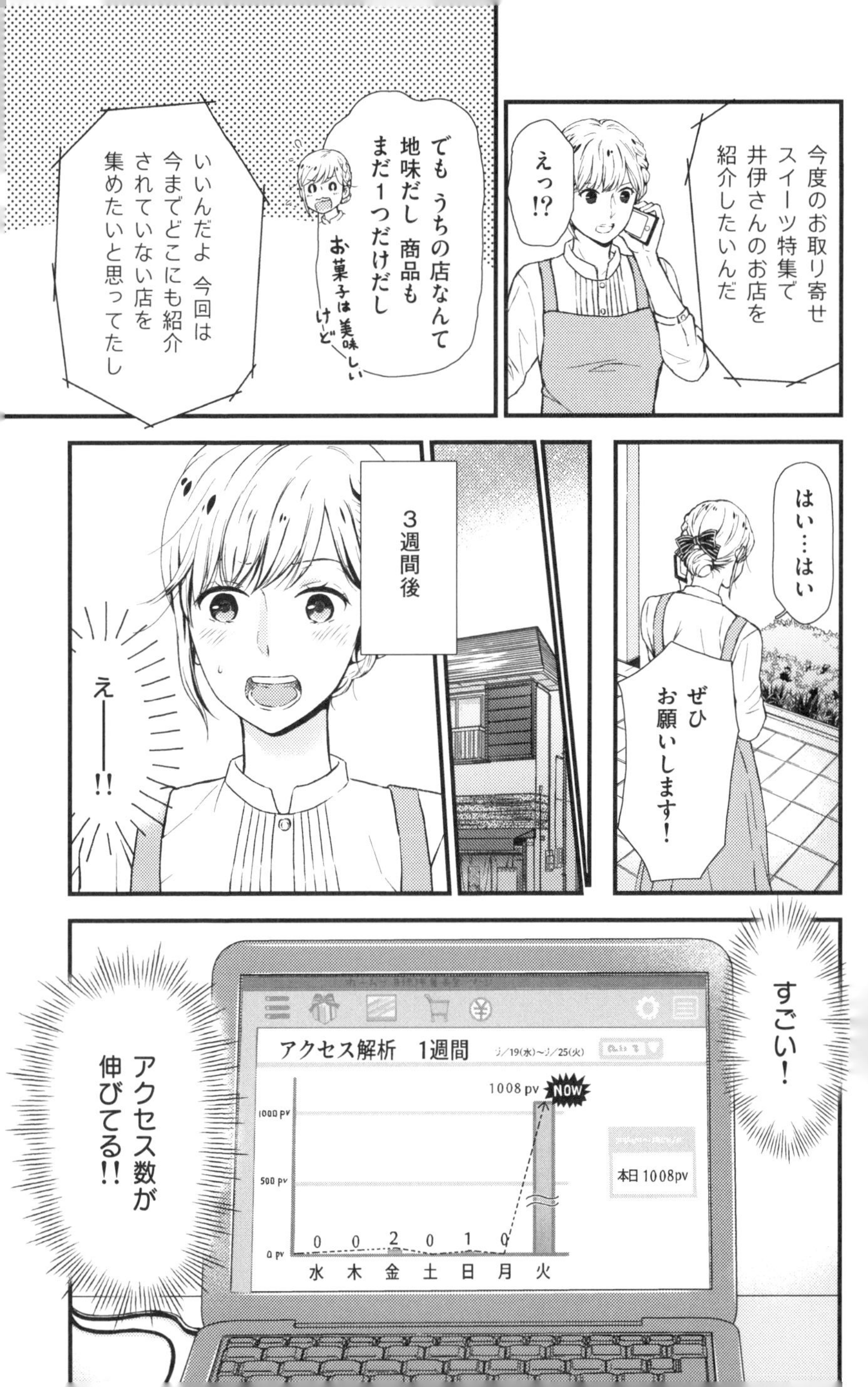

今度のお取り寄せ
スイーツ特集で
井伊さんのお店を
紹介したいんだ
えっ!?
でも うちの店なんて
地味だし 商品も
まだ1つだけだし
お菓子は美味しいけど
いいんだよ 今回は
今までどこにも紹介
されていない店を
集めたいと思ってたし
はい…はい
ぜひ
お願いします!
3週間後
え――――!!
すごい!
アクセス数が
伸びてる!!
アクセス解析 1週間
1008 pv
NOW
1000 pv
500 pv
0 pv
0 0 2 0 1 0
水 木 金 土 日 月 火
本日 1008pv

解説1

# 「ネットショップ開設・集客」の誤解を解く

## ネットショップ立ち上げ期の誤解

ネットショップ立ち上げを検討している人と話していると、「よくある誤解」がたくさんあることに気づきます。

「ネットって、何が売れるの?」

この質問をする人は、「ネットだから売れるモノ、ネットでは売れないモノがある」と思っている傾向があります。

「本とか家電なら売れると思うけど、服とか靴なんて試着しないとわからないから、ネットでは売れないでしょ?」

こんな質問は20年前に比べると減りつつありますが、いまだになくなりません(質問してくださる方の年齢はだんだん上がっている傾向はあります)。

基本的に、リアルの世界で売れるモノはネットでも売れます。

「実際にモノを見ないと買えない」という人だって、実店舗でパッケージしか見ないで買い物をしていることがあります。特に、信頼している人のオススメで買うときなどは、確かめもせずに買うことが少なくないと思います。
ネットに対して未知の部分が多くて「恐れ」を抱いていると、ネットを特別視することで「やらない理由」を探そうとしたり、逆にうまくいかなかったときに「売れると聞いたのに、売れないじゃないか」と他者のせいにしようとしたりするケースが多いように思います。
それだと確実にうまくいきません。
お客さんが「これください」の一言を対面で言えば対面販売で、電話で言えば電話販売、ネットで言えばネット販売です。ネットはさほど「特別なもの」ではありません。自分の商売を広げたり深めたりするために「どううまく活用するか」というとらえ方をするのがおすすめです。

## 「ネットなら全国から注文が来るから売れる」という誤解

次によくあるのが、この質問。
「ウチの商材でネットに出したらどのくらい売れるの？」
私たちが「わかりません」とお答えすると、「ええ、イジワル！　だいたいウチくらいの品揃《ぞろ》えと価格だったら平均的にこのぐらい売れるとかって、ホントは知っているんでしょ？」のようなやりとりになります。この質問をする人は、「ネットに出す」ということを、「商品をウェブサイトに登録して、カタログ通販のように注文できるようにすること」だと考えている傾向があります。中には「全国から注文が来るんだから、実はけっこう売れるんじゃないか」と期待している場合も。

たしかにネットには距離の制約がありません。でも裏を返すと、お客さんは北海道から沖縄まで（もっといえば世界中）のお店を簡単に見比べられるということです。いわば地方大会がなくなって、いきなり全国大会（世界大会）ということです。県大会優勝レベルのお店だとしても、全国大会で通用するレベルでなければ、お客さんから選んでもらえないわけです。

ちなみに、全国レベルというのはどのくらいか。

ネットショップを始める場合、たいていは一人で、かつ今までの仕事もやりながら担当をするような「片手間でのスタート」が多いです。そんなとき、全国レベルのトップ店舗では、100名を超える（またはもっとたくさんの）専任スタッフが、高いレベルで習熟した仕事をしているわけです。

それに比べると、一人が片手間でやっていて、たいした優位性もないままに、お客さんに自分の店を選んでもらおうと思うのはムシがよすぎるかもしれません。

「では、今さらネットショップをやる価値などないのか」というと、そうとも言い切れません。同じ価格で同じ商品を扱っていても、売れるお店とそうでないお店があります。やり方（試行錯誤や提供価値）次第で大きく変わるという認識を持って始めることが大事です。

## 「アナログ人間だからネットショップは向いていない」という誤解

最ももったいない誤解が、これです。

「自分みたいなアナログ人間は、パソコン得意じゃないから向いてないですよね？」

実は、ネットショップがうまくいくのは、パソコンが得意なだけの店長さんより、接客が上手な店長さんのほうが多いです。接客上手な店長さんのなかで、「パソコンが苦手で最初の頃は大変だったけど、そのうち覚えるもんだね」という人は大勢いますが、パソコンが得意なだけでうまくいった店長さんは多くありません。

では、うまくいく人はどんなことをやっているのか。

繁盛店の店長さんたちはよく、「ウチは特に変わったことをしているわけではない。あたりまえのことをやっているだけ」と言います。あたりまえのこととは「商売の基本」のこと。まんが本編で、駒子の父（正造）が「商売をなめるな！　なにがインターネットだ。お客さんと直接対面せずに物を売るなんて商売とはいえん！」と言っていました。駒子は、その考えが古いと言います。どっちが正しいのでしょう？

そもそもECとは何か、というところから考えてみます。

ECは、Electronic《エレクトロニック》 Commerce《コマース》の略。「電子商取引」と訳されてきました。EC業界の潮流でみると、ECのとらえ方は大きく分けて2つあります。

自動販売機型とショップ型です。

「自動販売機型」の人は、主に買い物かご以降の決済・配送機能をECと呼んでいます。一方、「ショップ型」の人は、お客さんとコミュニケーションを取りながらネットを通じて商売をすることをECと呼んでいます。自動販売機型のスタイルは「ECサイト」と呼ばれ、ショップ型のスタイルは「ネットショップ」と呼ばれる傾向があるかもしれません。

駒子の父は、ECを自動販売機型のイメージでとらえているから「商売をなめるな！」と言っているように見えます。ショップ型ならむしろ自身の商売コンセプトと近いので、ECと相性が合うことになります。

このように、リアル店舗で丁寧な商売をやってきた人に限って、駒子の父と同様、「商売ってのは、顔と顔を合わせてやるもんだ」「モノも見ずに買ってもらおうなんて考えが甘すぎる」とECを誤解していることが多い傾向にあるのです。これはもったいない。
ECには、お客さんとのコミュニケーションを大切にする「対面販売」のようなスタイルもあるということがわかって誤解が解ければ、魅力的なネットショップがまた一つ増える機会が生まれることになります。「対面販売型」のECとは実際どのようなイメージなのかは、まんが本編の展開を見守りたいと思います。

## 「ネットショップが立ち上がったので注文を待つ」という誤解

まんが本編では、駒子が入門書を見ながら事業計画を立てるシーンがありました。たいていのネットショップ開設本には、準備として「コンセプトをしっかり」「商品はここでしか買えないものを」「目標を設定しよう」ということが書いてありますが、最初はそれほどマトモに受け取り過ぎなくていいかもしれません。
というのも、「やったことがない事柄」についてあれこれ考えたり、数字が右肩上がりに伸びていく理想の計画をつくっても、そのとおりになることは稀《まれ》だからです。なので、完璧に準備しようとするあまり時間だけが経過するくらいなら、まずは計画よりオープンを優先するつもりで「とりあえずやってみる。やりながら考える」という姿勢のほうがうまくいきやすい傾向があります。その点、駒子は、コンセプトや売上目標をけっこう適当に決めていましたが、あのくらいでよいかもしれません。

ネットショップの利点の一つは、小さく始められることです。リアル店舗をオープンするのと違って大きな先行投資が必要ないので、計画通りに売れなかったとしても、ゲームオーバーにはなりません。逆にいうと、計画どおりに数字が上がらないとゲームオーバーになるようなお金の使い方をしてはいけない。

ちなみに、ネットショップがうまくいっている会社のなかには、「個人でオークションサイトやフリマサイトで商品を売っているうちに、売上が伸びてきたので会社にした」とか、「ブログに自作の製品を載せたら欲しいという人が続々と現れ、量産するうちに商売になった」という起業パターンも少なくありません。事業計画などしていなかったわけです。

あまり難しく考えずに一歩目を踏み出すこと、小さく生んで大きく育てることが大事です。

ただし、「難しく考えなくてよい」と言いましたが、「最初は売れない」と思っておいたほうがよいです。昔に比べて簡単になったとはいえ、初めてのサイト制作はけっこうな大仕事になるはず。駒子も「けっこう大変なのね」と抜け殻になっていました。「最初から売れる」と思っていると、あんなふうにオープンした瞬間に「できた〜！」と軽く燃え尽きて、あとは注文を待つというふうになりがちです（特に、ＥＣモールに出店したときにはそうなる人が多いです）。

期待したくなる気持ちはわかりますが、独自サイトにしてもモール出店にしても、基本的に中小企業のネットショップというのは「太平洋の無人島にお店を出したようなもの」です。ネットの膨大な情報の海の中で、オープンしたての小さなサイトに気づく人などいません。

だから立ち上げても売れない。言い換えると、最初から売れない原因の筆頭が、「立ち上げたことに満足して、集客し忘れているから」なのです。その点、うまくいく会社は「新店舗を一つ立ち上げた」という位置づけで考えています。

## チームで共有するワーク 集客の視点

「すでに軌道に乗っているネットショップに入社した新人さん」は、「お客さんというのは勝手に来るもの」と思い込んでいることが多く、集客アクションの重要性に無頓着なケースがままあります（しかもネットショップを立ち上げた店長は、新人さんがそんな認識であることに全然気づいていなくて、自分だけ「集客どうしようか」と必死に考えている）。

こういった「オープンしたらあとは注文を待てばよい」という誤解をなくすためには、こんなワークが効きます。

まず「ネットショップをオープンしたけれど、注文が来ません。どうしますか？」というお題を考えてもらいます。

よくあるアイデアとしては、「ページがよくないのかな？」と思ってページに手を入れる、というのが出てきます。注目すべきは、これは集客ではなく、接客の視点であるところ。ほかに出てくるアイデアも、集客面なのか接客面なのかに注目しておきます。

出揃ったところで、次のお題。「あなたは駅前通りから一本裏に入った路地に、パン屋さんをオープンしました。まだお客さんが来ません。どうしますか？」

そうすると、さっきとは異なり、「店の前で呼び込みをする」「駅前でチラシを配る」といった集客のアイデアが出てくることが多いです。

そこで「出てきたアイデアを集客と接客に分けてみましょう」と言って、分類します。その上で、「ネットショップとリアル店舗は、本質は一緒なんです。まずは集客から始めないと何も起こりません」というハナシをします。「ページに手を入れるのって、パン屋さんに置き換えると、お客さんが来ないからといってパンの並べ替えをしたり、POP《ポップ》を差し替えたりしているようなものですよね」と伝えると、「あああ！　それはダメだ（笑）」と腹落ちしてもらいやすいです。

さらに、「ネットショップを立ち上げるというのは、リアル店舗を一つオープンしたのと同じなんだな。だったら本気でやらないといけない」とわかってもらえると、よりうまくいきやすくなります。

# 第2章 お客さん視点

## 売れないページ、3つの誤解

へえ
手作り
情報サイトのおかげでアクセス数が激増
よかったじゃないですか
それはそうなんですけど
全然よくありません
商品が売れないんです!!
たしかに 藤屋さんに教えてもらったことをヒントに頑張って集客して
ネットショップのPVは増えました
1週間
1008 pv
NOW
2 0 1 0
金 土 日 月 火
だけど売れたのは
たった2個
買ってくれたのは知り合いだけ
ふーん

アクセス数が増えれば売れると思ったのに
いくら美味しいっていってもうちの商品はネットに向いてなかったんじゃ…
ブツ
ブツ
まあ頑張ってください
ガしッ
あの〜
いったい何がいけないんでしょうか〜?
いや 俺はたまたま店の前を通りかかっただけで…
うちの店自慢のマドレーヌ差し上げますから教えてください!
シェル型のマドレーヌとは正統派だな
へそもしっかりできている抹茶味もあるのかまさに温故知新!
モギュ
モギュ
スイーツ男子ちょろい!
紅茶のおかわりどうぞ
ちなみに
これがうちのサイトです!
ばん
………

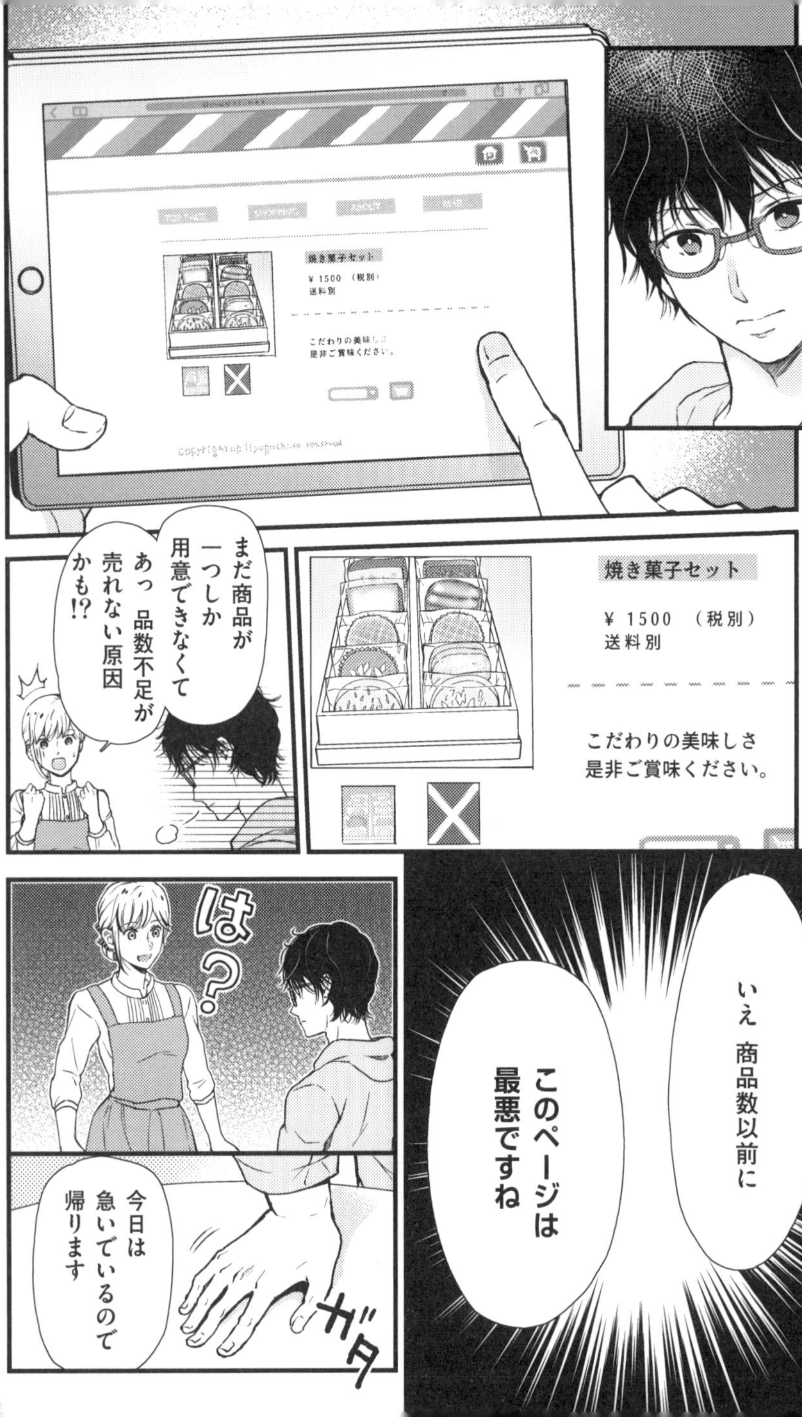
焼き菓子セット
¥ 1500 （税別）
送料別
こだわりの美味しさ
是非ご賞味ください。
焼き菓子セット
¥ 1500 （税別）
送料別
こだわりの美味しさ
是非ご賞味ください。
まだ商品が一つしか用意できなくて
あっ 品数不足が売れない原因かも!?
いえ 商品数以前に
このページは最悪ですね
は？
今日は急いでいるので帰ります
ガタ

そ それだけ…!?
その代わり宿題を1つ
いろいろなネットショップで買い物してみてください
〝できるだけ知らない店で〟〝必要があるものだけじゃなくて 必要がなくても欲しくなったものを〟
私が作ったネットショップが
最悪──!?
う〜〜〜ん

このネットショップが最悪って…どこがよ!?
ムカムカ
もっと具体的に教えてくれればいいのに…
マドレーヌと紅茶まで出したのにっ
宿題を1つ
いろいろなネットショップで買い物してみてください
ネットで買い物なんてしょっちゅうしてるっての!
ネコのエサとかネコの砂とかネコのおやつとか
〝できるだけ知らない店で〟
〝必要があるものだけじゃなくて必要がなくても欲しくなったものを〟
……
必要がなくても欲しくなったものねえ…
ワンダフル市場
日本一のショッピングモール
SALE
カタ

あっ このワンピ可愛い〜!!
ワンダフル市場
新作 再入荷 ランキング カテゴリー オススメ 特集 お問合せ
ワンピース パーカー 大人女子 バルーンワンピ
価格1980円(税別)
ポイント10倍
送料無料
アウター トップス ボトムス スカート ワンピース バッグ
けど写真 これ1枚しかないの? 却下!
気をとりなおして…
あっ このバックも可愛い!
トートバッグ 累計販売数20万個突破!
うーん 今度は写真はいっぱいあるんだけど
全20色
new
new
………
実物が目の前にあれば
重さ
底
中は?
いろんな角度から見られるのになあ…

でも安いし
可愛いし
買っちゃおうか…
ポイント2倍
送料　メール便　○○○円
カートに入れる
グル
グル
ブツブツ
あと何枚か
モデルさんが持ってる
写真があれば…
駒子
なぁにそれ?
ダメダメ
やっぱダメ!
カートに入れる
ササッ
んまあ
美味しそう♡
チョコレート色
モカ色
えっ
お母さん
コレ　バッグ
だよ!?
チョコレートとは
書いてあるけど
それじゃなくて
こっち!
よく見せて〜
街の洋食屋さんの
エビフライ
断面図
洋食屋さんの
エビフライ
冷凍Mサイズ　10尾
ああ
バナーの方か
はいはい

まあ大きい
子どもの顔くらいあるのね
たしかにでかっ
～お客さまの声～
エビが大きい！
子どもが一気に完食しました。普段は少食なのでびっくり！
お弁当に重宝してます♪
揚げたてに特製ソースをかけると激ウマ！リピ決定で
あらあ～
ゴクッ
アレンジレシピ
美味しい揚げ方
①
②
まあ親切ね～
ドバァ
こ…これは…
買うしか！
クール便
価格 1780円(税別)
送料別
カートに入れる
ポチ
そして数日後

気がついたら
こんなに買ってました
宅配便です
はいっ
サインかハンコください。
え〜!?
あ あなた宅配業者さんだったの!?
どうもお届け物です
いや…
大変そうなので
あ〜
例の宿題
ちゃんとやったんですね
まあ他にやることもなかったから
最初はネットショップをプラプラ見るだけのつもりがつい…

素直にやってみるのはいいことですよ
うぐっ
ただのスイーツ男子なのに上からっ
カチーン
それでネットショップで買い物して気づいたことはありますか？
えーっと…
写真が1枚しか載ってなかったり自分が見たい写真がない商品は
たとえ興味があっても買えなかったです
可愛いバッグも私は内側が見たいのにそれがなかったんです
大きさももっとわかりやすいといいのにって
その一方
全く買うつもりのなかった冷凍エビフライをついポチっとしてました
――それはなぜですか？

なんでだろ?
ただ子どもが食べてる姿が美味しそうだったからですかね?
お姉さんはネットショップの店長として
一番最初のでも とても大切なスキルを手に入れようとしています
それは
〝お客さん視点で考える〟スキルです
えっ…!?
よく聞く言葉ですよね
リアル社会でも

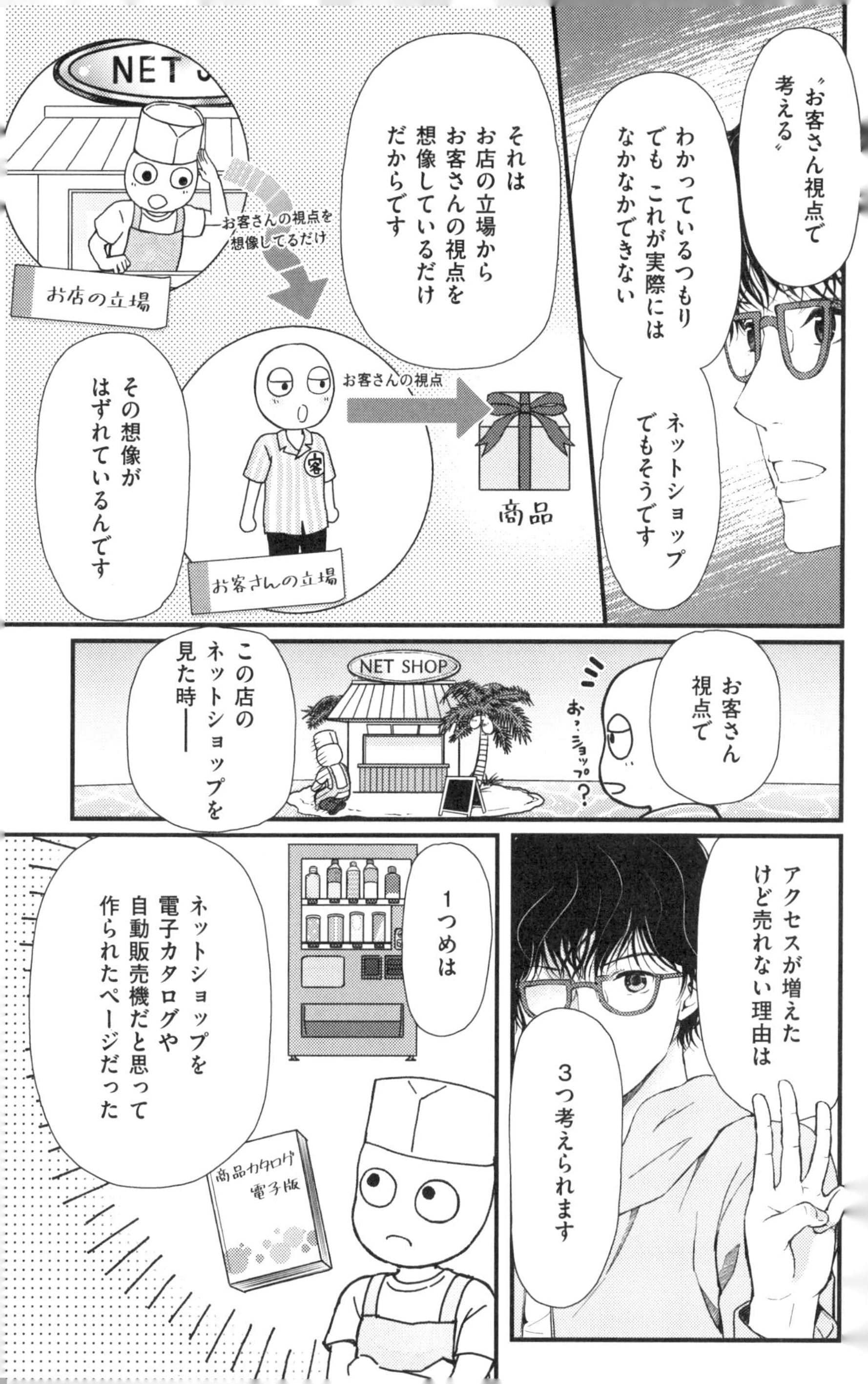
〝お客さん視点で考える〟
わかっているつもりでも これが実際にはなかなかできない
ネットショップでもそうです
それはお店の立場からお客さんの視点を想像しているだけだからです
NET S
お客さんの視点を想像してるだけ
お店の立場
お客さんの視点
商品
お客さんの立場
その想像がはずれているんです
お客さん視点で
おっ ショップ?
NET SHOP
この店のネットショップを見た時——
アクセスが増えたけど売れない理由は
3つ考えられます
1つめは
ネットショップを電子カタログや自動販売機だと思って作られたページだった
商品カタログ 電子版

焼き菓子セット
¥ 1500 （税別）
送料別
こだわりの美味しさ
是非ご賞味ください。
そうすると商品スペックと証明写真のような画像1枚しか載ってないページができます
お姉さんが作ったこの店のページみたいに
最悪なアレ
うぐ
買うものが決まっていて注文するお客さんばかりなら それでもいいんでしょうが
そっか
うちの商品をわざわざ検索して買う人はいないか
私が最初に見たショップもカタログを見てるような感じでした
お客の立場からするともっと写真は見たいと思いました！
写真だってただ多ければいいって訳じゃない
私がバッグの中側の写真が見たかったように…

これが
お客さん視点で考えるってこと…!?
売れない2つめの理由は
店側がキレイなページを作れば売れると誤解しているから
オシャレなカフェみたいな雰囲気のページにすればいいと思ったら大間違いです
オシャレ
シンプル〜
私がそういうオシャレなページ作ろうと思ってたの
なんでわかったのよ!
フフ
たしかにエビフライのページはキレイって感じじゃなかったです
画像も文章も多くて素人が作ったようなページも多かったし…
だけど なぜかページをスクロールしているうちに「どーしても食べたい!」って思ってしまったんです!
〜お客さまの声〜
たっぷり
タルタル

まさかスクロールすることに意味がっ!?
催眠効果的な
そんなことができたら むしろ凄いですけど…
文章がうまかったのではないですか?
商品のキャッチコピーもしかりです
「こだわりの美味しさ是非ご賞味ください」のような〝こんなもんでいいでしょ〟的キャッチコピーはつけるだけ無駄ですね
なに そのキャッチコピー
聞き覚えが…
はっ
焼き菓子セット
¥ 1500 （税別）
送料別
こだわりの美味しさ
是非ご賞味ください。
それもうちのネットショップじゃないですかー!!
この無駄コピーがアクセスが増えても売れない
3つめの理由です

自分が作ったコピーを「ポテトチップス」につけてもおかしくないようなら
そのキャッチコピーに価値はありません
ポテト
「こだわりの美味しさポテトチップス是非ご賞味ください」
ガーン
…たしかに違和感ないけどダメなのはなんかすっごいわかりました…
商品のキャッチコピーってなんだろう…？
伝統の味　ポテトチップス
ガンコ一徹　ポテトチップス
30年間洋菓子を作り続けてきた当店パティシエが開発したポテトチップス
あれっ これはおかしい…かも？
いや でも逆に食べたいような…
…ま
自分でよく考えてください

つまり現在の
この店のページは
〝お客さん視点で考える〟
という基本的
でも難しいことが
できてない人が作った
ページそのものなんです
アクセスは増えたのに売れない理由
・電子カタログのような
商品スペックと画像１枚
・きれいなページを作れば
売れるという誤解
・商品のキャッチコピーが
ダメ
人は同じ仕事
同じ立場を長く続けて
いると 他人の視点が
わからなくなってしまう
ものだから
お客さんの立場
おーっ
こう見えるのか
客
商品
そうならない
ようにするには
実際に他の人の
立場になってみる
ことが大事です
この場合
お客さんの
立場ですね
以上です
…どうか
しましたか？
あっ いえ
前からだけど
聞いているうちに
だんだんリアルの
お店と変わらないん
だな…って
ネットショップを
始める前 父に
「商売をなめるな！」
って どなられたんです

だけど 私 本当にわかって なかったのかも
ネットショップも 実際のお店と同じ 〝接客の場〟 なんですね…！
そう思ったら お店のページを 作り直すぞ！って 気力が出ました！
ガンバルゾー
………
最初は無理な頼み かと思ってましたが
けっこう
見所がありそう ですね

解説2

# 「お客さん視点」の誤解を解く

## 「長い商品ページがキライな人」が見落としていること

駒子のネットショップのように、アクセスが増えたのに全然売れない場合、主な原因の一つは「ページの接客力不足」です。情報が足りなくて、商品の価値・魅力を伝えきれていないケースです。

そう聞いて、「商品ページが長いネットショップってキライなんだよね。シンプルなのがいい」と思った人はいないでしょうか？

そういう人は、自分で買い物をするときに「買うものを決めてから買う」パターンであることが多いです。情報を集めて比較検討し、買うものを決めてからECサイトにアクセスするので、商品ページにたどり着いたときには価格・納期を確認して注文ボタンを押すだけでよい状態。だから、長いページ（特に注文ボタンがスクロールしないと出てこないページ）をわずらわしく感じるのです。

このような買い物のしかたを「自動販売機買い」と呼んでいます。

リアル店舗でイメージしてみましょう。買うものが決まっているときに、店員さんが寄ってきて、「それよりこちらの商品のほうがおすすめですよ」と言ってきたら、「うっとうしいから話しかけないで。無言でレジだけやってくれたらいいのに」などと思うわけです。

逆に、自分が詳しくない商品を買う必要があって、どれを選べばいいかわからないときは、店員さんを呼んで質問します。「長いページ」というのは、その店員さんの接客の役割を果たすわけです。

「買うものが決まっている人」は、価格と納期と安心感で選びます。すなわち安くて、在庫があってすぐ届いて、いつも買っているところで買う。

これをECサイト側からみると、同じ商品を売っているお店の中で、一番便利でなければ選ばれないことになります。それだと、中小零細企業に勝ち目はありません。だから、圧倒的なジャイアント企業でない限り、「まだ買うものが決まっていない人」を相手に接客をすることが大事になります。すなわち、カタログのようなシンプルな商品ページではダメなので、結果として長いページが必要になるわけです。

いわゆるブランド品の認知度や理解度が高いのは、すでにメーカーが巨額の投資をして「価値を伝える接客」をしているからです。ただ、みんなが価値を知っているから、小売り業者の販売競争は激しくならざるを得ません。逆に、お客さんに「未知の価値」を伝えてわかってもらうには、わかりやすい表現を工夫する必要があります。丁寧に伝えようとするほど、長くなりやすいわけです。

このような理由で、自動販売機買いしかしない人は「長いページ」の意味がわからないのです。

大事なのは、「サイトに来てくれるのが誰なのか」を考えること。それが「商品のことを知らない人」だとわかれば、ページに書くことがたくさん思い浮かんでくるようになります。

逆に、そこに気づけないでいると、「アクセスが増えたのに売れないなんて、やっぱりウチの商品はネットに向いてなかったんだ」などとまちがった自己正当化をして、やることをやらないまま放置して、軌道に乗ることなくネットショップ自体をやめることになりがちです。

# 第3章
# 商品企画
## 購入決定へのハードルを下げる

お客さん視点がわかってきたところで
次は――
〝入り口商品〟を作りましょう
入り口商品…?
初めて入ったネットショップで知らない商品がたくさん並んでいて
どれを買ったらいいかわからなかった経験はありませんか?
あります!
結局何も買わずお店から出ちゃいました

そう
自分が詳しく
ないものは
どれを買ったら
いいか よく
わからないので
「初めての方は
コレ！」という
ドーン
コレ！
オススメ商品や
お得感のある
セットがあると
選んでもらいやすいです
ああ
たしかに
本日のオススメとか
初回限定って
言葉には引き寄せ
られちゃいます
本日のオススメ
白身魚のムニエル
カット&パーマ
初回限定
ネットの
入り口商品には
何のお店か
パッと見の印象で
伝える効果も
あります

というのも お客さんは お店のトップページを 経由せずに 直接 商品ページに入る ことが多いので
スイーツ
ページ上の スクロールしないでも 見える部分には
お店の看板や 入り口商品があると 何の店かは一目瞭然です
この時 商品が 伝わりやすいよう 文字と画像の両方を 使ってレイアウト しましょう
はい
入り口商品は お客さんに とっても
お店のページに とっても まさに入り口です
オープンしたばかりの 商品が少ない 完成度の低い ページでも
入り口商品の ページだけでもバッチリ 作り込んでおけば ちゃんとした店だという 印象を持ってもらえます
Welcome

入り口商品が大事なのはよーくわかりました！
で!?
ずいっ
うちの店の入り口商品は何にすればいいですか!?
？
入り口商品ねえ…
さあ？
手作
はああ――!?
藤屋さん また具体的なことまでは教えてくれなかった
この店のことをよく知っていないと入り口商品は決められません
焼き菓子

自分で考えて探してください
ふんがっ
ええ 考えますよ とびきりの入り口商品をっ
…とはいうものの
生クリーム デコレーション
シュークリーム
モンブラン
美味しいけど
オススメ…かなあ?
エクレア
設備的にまだ うちはネットで生菓子売れないし
たぬきのケーキ
現状 新たに
ネットで売れる商品がない
がっくり。
焼き菓子
………やっぱりコレかあ

そういえば藤屋さん
「オススメ商品やお得感のあるセット」って言ってたっけ
お得感か…
なに
焼き菓子セットを値引きさせてくれだぁ?
バカ言うんじゃね――!!
びくっぅぅ
でもね　お父さん
初回だけでも値引きすれば初めてのお店さんも買いやすいし…

ダメなもんは
ダメだ
なんでよ!?
30年間
店に来てくれてる
お客さんに申し訳が
立たねえ
でも入り口商品
っていいって…
どけ 邪魔だ
ドン
あっ
何のために
こんなに頑張ってると
思ってんのよ
ネットショップにも
全然協力して
くれないし…
!!

お父さん そのクッキー どうしたの!?
失敗作だ 形が気にいらない から割った
え――!? もったいなっ
割ればパイの土台に使えるしな 食いたきゃやるぞ
フン
ぱくり
なによ 味は普通に商品と同じ 美味しいモカクッキーじゃない
みつけた!!
ゾクゾクッ

お父さん
これ 私に全部
ちょうだい！
ガーーッ
ガーーッ
焼き菓子の
かけら
IYOGASHIDO
…………
…というわけで
藤屋さん
見てください

これがうちの店の入り口商品です！
G県T市から焼きたてのお菓子をお届けします。
井伊洋菓子堂
初めての方にオススメ
150g×3袋
焼き菓子のかけら
味は正規品と同じ
送料無料 メール便
1000円（税別）
各種クッキー・焼き菓子・カステラの割れ品、はしっこなど
3袋入り
焼き菓子のかけら
IIYOGASHIDO
中身はランダムです
まだ公開前のページですが……
ほお
「焼き菓子のかけら」
アウトレット商品ですか…！
焼き菓子のかけら
IIYOGASHIDO
はい！
中身はその時々によって違うけど 今までは捨てることが多かったフロランタンのはしっことか形の悪いクッキーの詰め合わせです
味や品質は正規商品と同じだしこれなら値段をおさえて売ることを父も納得してくれたんです

藤屋さん 前に
モギュ
モギュ
試食用のフロランタンのはしっこを食べて「美味い！」って言ってくれたじゃないですか
あれと同じ感覚をネットのお客さんにも味わってもらいたくって
よく頑張って探しましたね
あくまでお姉さんにしてはですが
上げて下げるスタイルか
知らない店で知らない商品を数千円で買うというハードルは
高いと感じる人がいます

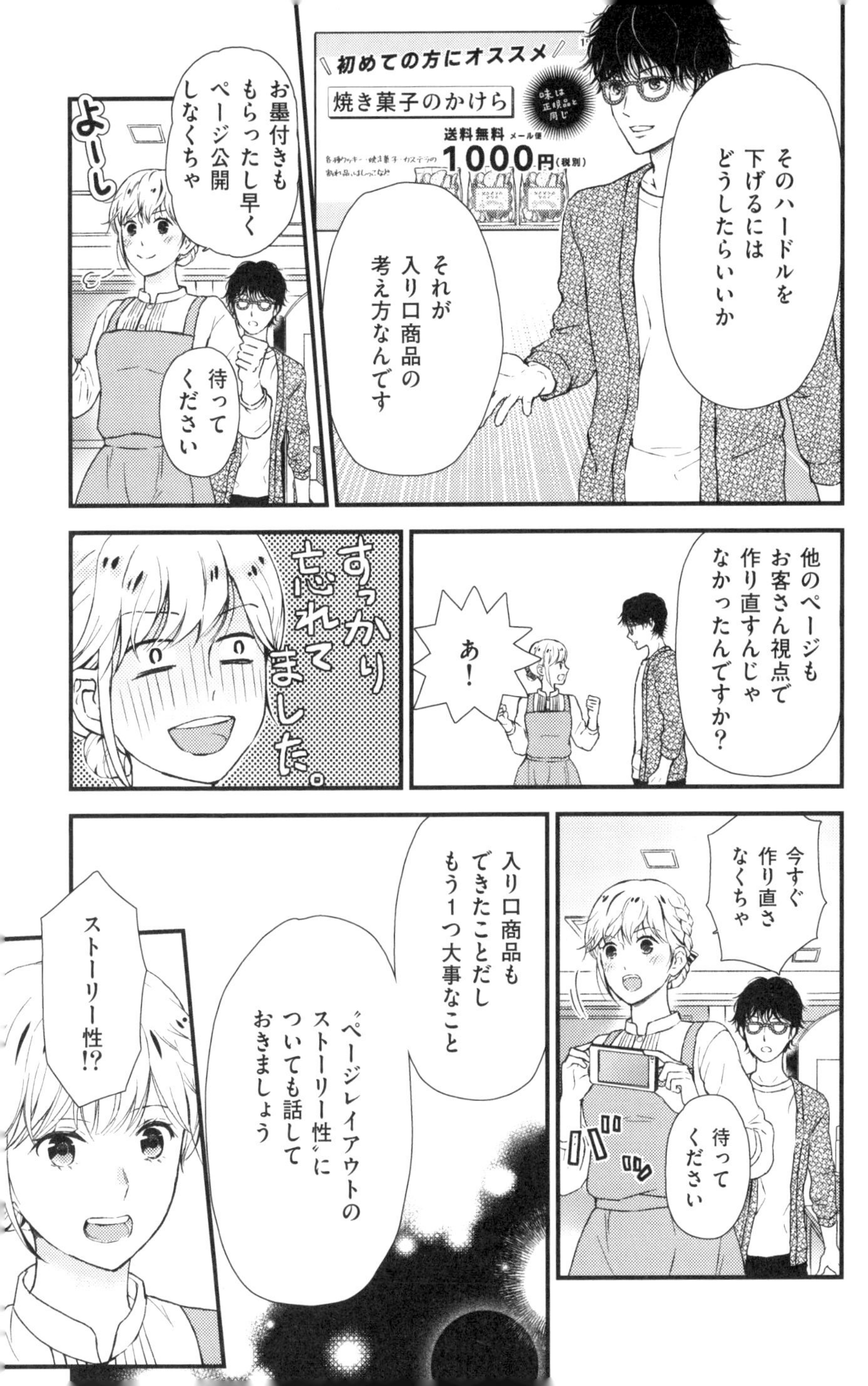

初めての方にオススメ
焼き菓子のかけら
味は正規品と同じ
送料無料 メール便
1000円（税別）
そのハードルを下げるにはどうしたらいいか
それが入り口商品の考え方なんです
お墨付きももらったし早くページ公開しなくちゃ
よーし
待ってください
他のページもお客さん視点で作り直すんじゃなかったんですか？
あ！
すっかり忘れてました。
今すぐ作り直さなくちゃ
待ってください
入り口商品もできたことだしもう1つ大事なこと
〝ページレイアウトのストーリー性〟についても話しておきましょう
ストーリー性!?

小説仕立てにでも するんですか？
いいえ
購買心理に寄り添うように商品ページに情報を並べるんです
人の購買心理には
2つの壁があります
それは欲求の壁と比較の壁です
欲求の壁の手前にいる人はそもそも欲しいと思っていない状態
初めてのお客さん
客
欲求の壁
比較の壁
注文ボタン
――で
突然ですが
100万円の鎧《よろい》って欲しいですか？
はあっ？

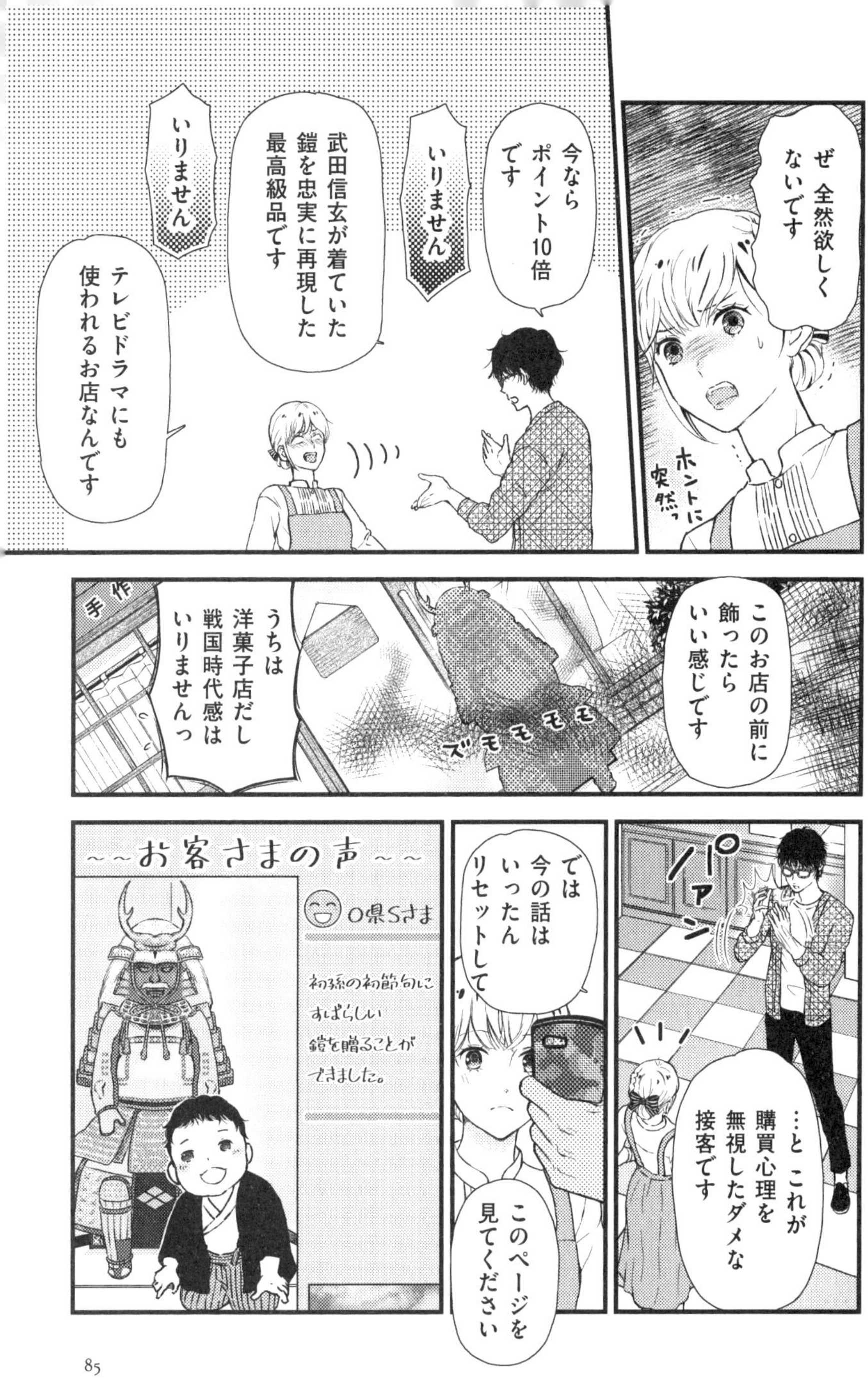
ぜ 全然欲しくないです
ホントに突然っ
今ならポイント10倍です
いりません
武田信玄が着ていた鎧を忠実に再現した最高級品です
いりません
テレビドラマにも使われるお店なんです
このお店の前に飾ったらいい感じです
ズモモモ
手作
うちは洋菓子店だし戦国時代感はいりませんっ
パァン
…と これが購買心理を無視したダメな接客です
では今の話はいったんリセットして
このページを見てください
～～お客さまの声～～
O県Sさま
初孫の初節句にすばらしい鎧を贈ることができました。

わぁ
端午の節句ですね～
…なんかこういうのイイですね
もしも私に子どもが産まれて男の子だったら
うちのお父さん勝手に買っちゃいそう～
なーんて、まずは相手よね
はい ここで問題です
この2つは同じ商品です 先に話したストーリーと後のストーリーでは
どちらの鎧が売れるでしょうか？
ポイント10倍
100万円
最高級品の鎧
後のストーリーです
先にお金やポイントの話をされたって引いちゃいま…
あ！
そう
そもそも欲しいと思ってない人に商品の説明をしてもダメです

まずは商品の先にあるハッピーを語ることです
たとえ同じ商品の説明をするにしても伝える順番でお客さんの印象は全然違ってきます
じゃあこの子どもの笑顔が
ハッピー？
ええ お姉さんが衝動買いしたエビフライのページも子どもが美味しそうに食べる画像があったんですよね
商品レビューのお客さんの喜びの声もハッピーのひとつだといえます
じゃあうちの店のページも商品の先のハッピーを先にするってことですね
コク

そしてページにのせる商品の情報には4種類あります
Spec《スペック》（仕様）
価格、サイズ、色、素材など
Advantage《アドバンテージ》（優れた点）
スペックのうち、同類の商品と比較したとき優位点となるもの
Closing《クロージング》（限定要素）
期間限定、数量限定などお客さんの背中を押すもの
Benefit《ベネフィット》（商品の先にあるハッピー）
商品を使ったお客さんの笑顔
この4種類の情報を購買心理と対応させると…
B：商品の先にあるハッピー
欲求の壁
A：他商品より「この商品」を買ったほうがよい理由
S：スペック
C：「いま」「ウチの店」で買ったほうがよい理由
比較の壁
注文ボタン
「これ買おう」
商品ページのレイアウトはB、A、S、Cの順に並べると
購買心理に沿った順番になります
これがページレイアウトのストーリー性です
逆にストーリー性のないページはただの詳しめなチラシでしかありません
ポイント10倍
武田信玄の鎧
最高級品
テレビドラマにも最適!
本体価格100万円
衝動買いしたエビフライのページをその視点で見返してみるのもいいんじゃないですか?
やってみます!

洋食屋さんの
エビフライ
〜お客さまの声〜
本当だ…
お客さんの声が先に来てる
これ見て私も食べたくなっちゃったんだわ
改めて見ると他にもいろいろ参考になりそう
よーし
うちの店のページもう一度作り直すわよ〜!
10日後
ほら駒子
今日の割れクッキーだ

ありがとう
フン
あらあ
お父さん すごく
ご機嫌ねえ
えっ
ど どこが!?
フンって言ったよ
ブッブツ
ったく
どんだけクッキー
焼かせんだ
フフフ～
駒子の考えた
「焼き菓子のかけら」が
売れてうれしいって
顔にかいてあるわ
だから
どこが!?
あっ そうだ
駒子 電話よ～
若いメンズよ♪
はい もしもし
お店のページ
リニューアル
したの
見ましたよ
その声は
まさか
藤屋さん!?

聞いてください
例の入り口商品が
好評なんですよ！
焼き菓子のかけら
送料無料 メール便
1000円（税別）
3袋入り
焼き菓子のかけら
価格1000円（税別）
メール便 送料無料
売り切れ
出品しても
すぐ売切れちゃって
なにより
「美味しい」って
言ってくれる
お客さんの声に
自信を
もらいました！
フム やっぱり
ですね
入り口商品
だけでなく
ページに
ストーリー性も
ある
それに
何より
今のページには

G県T市から焼きたてのお菓子をお届けします。
井伊洋菓子堂
初めての方にオススメ
焼き菓子のかけら
味は正規品と同じ
送料無料 メール便
1000円(税別)
3袋入り
中身はランダムです
地元の皆さまに愛され続けて30年
フランスで3年間修行した、ガンコなパティシエが作る
本格的な洋菓子のお店です。
フランス人も
G県の人も魅了する
ガンコな焼き菓子って
どんな味？
お客さまの声
美味い！この店のフロランタンはサックリしていて
バターの風味も良い！星5つだ。
20代男性
上京している息子が帰省する時は必ず
『井伊さんのケーキ用意しといて』って言ってきます。
今では孫も大好きな味です。
“ひとけ”がありますから
“ひとけ”？
レビューがあると他のお客さんがいるのが伝わって買いやすいって言ったじゃないですか
このページには目には見えないけれど 人がいる気配がある
お客さんだったり店員さんだったり
選素材
国産バターを使用しています。
いつも売り切れていて
今回初めてゲット！
焼き菓子のかけら、美味しい！

ネットショップでは
特にお客さんのひとけが
大切です
安心感だけでなく
ひとけが多いと
人気(にんき)感が
出る
売れてるお店には
何万 何十万人分の
ひとけがあります
逆にまだ売れて
いないお店は
ひとけゼロって
ことも多いです
でも うちの店
売れてないのに
なんで ひとけが
あるって…
それは――
実店舗の
写真や賞状から
お客さんに支え
られているのが
見えるからです
パティシエ(中央)と家族で経営しています
始める前は
ネットショップって
無機質なイメージ
だったけど
無機質どころか
その反対なのかも…

# 「商品ページのつくり方」の誤解を解く

## ◆購買決定までの2つの壁

まんが本編で、スイーツ男子の藤屋が「購買心理の2つの壁」という考え方を紹介していました。これは、人がモノを買うときの意思決定プロセスです。この図を深掘りしてみましょう。

モノを買う際、「欲求の壁」と「比較の壁」という2つの心理的な壁があります。「欲求の壁」の手前にいる人は、そもそも「欲しいと思っていない（欲しくない）」状態です。だから、「欲しい！」と思ってもらうための接客（動機づけ）が必要になります。それによって欲求の壁を越えると、次は「比較の壁」が目の前にそびえ立ちます。

人は、欲しいと思った瞬間に「これください！」と言うわけではありません。欲しいと思ったあとには、

購入決定までの2つの壁

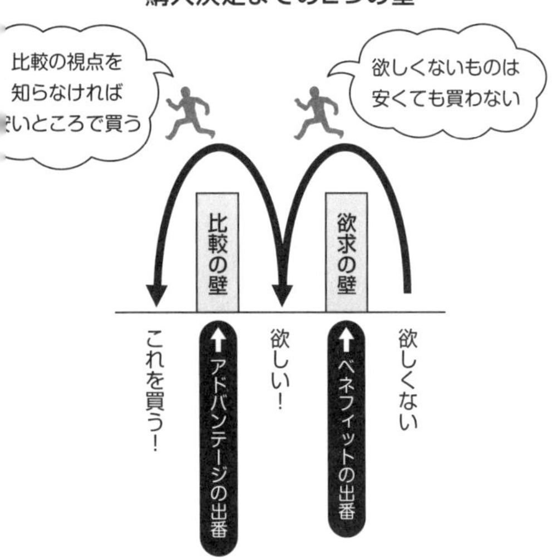

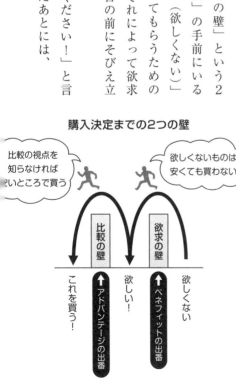

「買うべきか買わざるべきか」
「ラインナップ上位のモノや下位のモノがあるけど、どれがよいか」
「他メーカーの類似商品とどちらがよいか」
「今買うのと、あとで買うのはどちらが得か」
「どの店で買うか」
など、いろいろな視点から比較モードに入ります。
比較の際には、それぞれの選択肢のアドバンテージ（優れた点）を見比べます。このとき、売る側が「ウチのほうが安いよ」としか伝えていなくて、お客さんが「価格」しか比較の視点を知らなければ、最安値のお店を選ぶことになります。したがって、「価格」以外の比較の視点をお客さんに伝えることが大事なのです。
その比較の結果、「この商品を、今この店で買うという選択肢はアリだな」と納得できると、比較の壁を越えて「これください！」と言える、というのが2ステップモデルの意味合いです。

## セールをやっても売れない理由

この図を「セールをやっても売れない」という事象にあてはめてみましょう。

たいていセールというのは、比較の壁の前にいる「すでに欲しいと思っている人」向けの企画です。それで売れないということは、「選ばれていない（ほかで買われている）」か、「そもそも欲しい人がいない（飽和している）」ということになります。

「すでに欲しいと思っている人」はもう商品の情報を持っているから、あとは価格と納期で比較して、一番条件のいいところを選びます。

最安値や最速配送ができないのであれば、欲求の壁の前にいる「まだ欲しいとは思っていない人」を相手にするしかありません。

私の知っている「楽しそうに商売をしている人たち」は、「まだこの商品のある生活の楽しさを知らない人を、こちらの世界にいざなってあげよう」というミッションを持っています。そして、その商品のある生活のベネフィット（商品の先にあるハッピー）を伝道するところからスタートしています。

そこで気になるのは、もしそれで「欲しい」と思ってもらえたとしても、ほかのお店より高かったら、安いほうで買われるのではないか、という点。

そういうお客さんもいるかもしれませんが、「面白そうな世界を教えてくれた人」という関係性をつくっておくことができれば、「あなたから買いたい」という理由で比較の壁を乗り越えてもらいやすくなります。

「そんなうまいことといくのかな?」と思うかもしれませんが、リアルでそういう買い物経験はないでしょうか。

たとえば、初めてロードバイクを買うとき、近所のマニアな店長さんがいる自転車屋でいろいろ教えてもらって買った、というような場合。ネットで調べたらもっと安いサイトがあったけれど、「アフターケアとかで聞きたいことがあったときに聞けるからいいや」と思って購入決定した、といったパターン。これと同じようなことをネットでもできれば、買ってもらえる可能性が高まるわけです。

## 売れるページには「BASC（バスク）」がある

ここまで理解が進んだら、最後は次ページの図です。

「まんが本編に出てきたけど、よくわからないから読み飛ばした」という方がいるかもしれません。今、見返したらどうでしょうか。けっこうわかるようになっているはず。

ページの最初のほう（上部）でベネフィットが伝わることで「欲求の壁」を越えてもらい、そのあとでアドバンテージを伝える、という流れです。

新登場の「スペック」と「クロージング」とはどういうことかの解説も含めて、このBASCをまんが本編に出てきた「鎧」にあてはめてみましょう。

B　「子どもや孫が健やかに育ってほしい」という思いを形にできる
結婚式などの衣装として印象的な演出ができる
戦国時代好き、武将好き、甲冑好きにはたまらない

A　大河ドラマ御用達の甲冑メーカーで
熟練の職人が手作業でつくっています
本物を忠実に再現したレプリカです
身長に合わせたオーダー製作も可能
レンタル対応可
当店一番人気のモデルです

S　高さ166cm×幅100cm×奥行き82cm

**ページレイアウトのストーリー性「BASC」**

| | | |
|---|---|---|
| B：Benefit《ベネフィット》 | お客さんにとっての利益 | 商品の先にあるハッピー |
| 欲求の壁 | | |
| A：Advantage《アドバンテージ》 | 優れた点 | 「この商品」を買ったほうがよい理由 |
| S：Spec《スペック》 | 仕様 | |
| C：Closing《クロージング》 | 行動を起こしやすくする | 「いま」「ウチの店」で買ったほうがよい理由 |
| 比較の壁 | | |
| 注文ボタン | | |

収納時のサイズ：高さ58㎝×幅66㎝×奥行51㎝
黒塗り◯◯製法

C　◯月◯日までのご注文なら早期特典がつきます（先着10名様）

こんな感じでしょうか。よく質問をもらうのが「ベネフィットって1個じゃなくてもいいの？」という点。

ひとつの商品には、いろんなベネフィットがあります。同じ商品でも人によって感じる価値の種類が違う、といってもよいです。「商品のある生活の楽しさ」を伝えるためには、多様なベネフィットが載っていたほうが「フックが増える」ので、興味を持ってもらえるチャンスが多くなります。

アドバンテージもたくさんあってよいです。アドバンテージはベネフィットを裏づける強み（優れた点）なので、ベネフィット以上にたくさんあってよいことになります。一つのベネフィットを実現するのに、いくつかのアドバンテージが組み合わさっているというのはよくあることです。

「スペック」は単純。いわゆるカタログに載っている情報（仕様）のことです。

では、「クロージング」のところに書いてある「行動を起こしやすくする」とはどういう意味でしょうか。比較の視点のなかには「いつ買うか」があります。だから、「今買ったほうがいい理由」があると、すでに欲しくなっているお客さんにとっては「背中を押してもらえる接客」になるのです。「よい店員さん」は、買うタイミングを迷っているときに背中を押してくれます。それによって「比較の壁」を越えやすくなるわけです。

欲しくなる前に「今買うとお得です」と言う店員さんは「結構です」と害虫扱いされます。これに対して、欲しくなってから絶妙なタイミングでクロージングしてくれる店員さんは感謝されるのです。

これが「ページレイアウトのストーリー性」という考え方です。

すべての要素を過不足なく盛り込もうとするから、ページが長くなりやすいわけです。言い換えると、ページは長ければいいというものではありません。「ムダに長いページ」と「BASCが適切に配置されているページ」は別物ですから、よいページが必ずしも長いとは限りません。

さらに応用編ですが、必ずしも「商品ページ」にBASCを盛り込む必要性はありません。BASCのメカニズムがわかっていれば、その接客をメールでやろうが、SNSやブログでやろうが、対面でやろうが、どこでもよいわけです。ほかで接客できていれば、商品ページ自体はシンプルに短くてもいいことになります。

## 売れるページには「ひとけ」がある

「〝ひとけ（人気）〟って大事なの？」という質問をもらうことがあります。「お店の人の写真とかって、売れているECサイトには載ってなくてない？」と。

まずハナシを整理しておきましょう。「ひとけ」には2種類あります。

①お店の人がちゃんといる感じ
②お客さんがちゃんといる感じ

です。知らないお店で外食しようと思ったとき、店内をのぞいてガラガラだったら「やめておこう」と思うのは「お客さんのひとけ」がないからです。逆に行列ができていたら「お客さんがちゃんといる」というレベルを超えて、「このお店は人気（にんき）があるんだな」とわかります。

ネットショップでの「にんき」の表現としては「1万個完売」とか「ECモール◯◯ジャンルでデイリーランキング1位獲得」とか「メディア掲載履歴」なんかが典型です。つまり、「お客さんのひとけ」が強力になると「人気（にんき）」になります。

このように、知らないお店で「ここ大丈夫かな？」と判断するときは「お客さんのひとけ」が見られています。では、「お店のひとけ」にはどういう意味があるのか。
ちょっと時間を遡《さかのぼ》ってみます。１９９０年代にネットショップが登場した時点では、まだインターネット利用者自体が少なくて、インターネットは「よくわからないもの、うさんくさいもの」という位置づけでした。
当時は、ネットショップの大半は名前の知られていない中小企業ですし、立ち上げたものの、売れなくて放置されているサイトもありました。また、ネットショップが「仮想店舗」などと訳されていたこともあって、「ホントにちゃんとやってるの？」という不安を解消するところからスタートしなければいけませんでした。
その工夫として、店長が顔を出したり、スタッフの集合写真、社屋や実店舗の写真を載せたり、「創業〇年」という実績を掲げたりしていたのです。また、トップページに「店長日記」のようなコーナーをつくって毎日更新したり（今でいうブログやＳＮＳ）、「最終更新日：〇年〇月〇日」と当日の日付を表記したりすることで「画面の向こうにお店の人がいる感じ」を伝えて、「ちゃんと運営してるんだな」と安心してもらえるようにしていました。
ところが、ネットショッピングが普及して、かつ、大手企業の参入も増えてくると、「ホントにちゃんとやってるの？」という不安感を抱く人が減ってきて、「お店のひとけ」を出さなくても売れる時代がきたのです。それが、有名で売れているサイトにはお店の人が載っていないことが多い理由です。

このように、〝ひとけ〟にも歴史があります。では、「お店のひとけ」はもういらないのかというと、そうでもありません。「歴史は繰り返す」と言います。世間のネットショップに対する警戒心がゆるんだところに現れたのが「詐欺サイト」です。近年は、詐欺サイトが増えたことで警戒心が高まってきています。

ある和菓子店では、PC・スマホともすべての商品ページに「老舗感のある実店舗写真、スタッフ集合写真、仕事中の職人さんの写真、所在地の地図、ギフト対応の内容」など統一コンテンツを載せたところ、広告費は変わらないのに前年同月比の売り上げが1・3〜2倍になったといいます。2019年のハナシです。

というわけで、らせんが一周して、また「お店のひとけ」が大事な時代になっていると考えられるのです。

## チームで共有するワーク 接客の視点

ネットショップは、実際に商品を手に取ることができない分、商品の価値・魅力をページでうまく伝える工夫がいります。その点、「新人スタッフにコツを共有するのが難しい」と思っている店長さんは少なくないはず。そんなときにはこんなワークが効きます。

お題にする商品（自店の取扱商品で可）を決めます。ここでは「ジャケット（上着）」にしてみましょう。まず「あなたが店長なら、商品ページにどんな情報を載せますか？」というお題を考えてもらいます。

出てくる答えには、まず次のようなものがあります。

商品名、ブランド名、値段、サイズ、色、素材、製造地、商品の特長、商品画像（正面）

出揃ったところで、次のお題。さきほどは「店長だったら」という設定でしたが、

「あなたはこの商品を買おうとしています。今、出てきている情報だけで買えますか？」

すると、さっきは「もう出ない」と言っていたはずなのに、みるみるうちに次のような項目が出てきます。

どのような場面で着るとよいか、実際に人が着ている画像、裏返して見たときの画像、背中の画像、襟や袖口・ボタン・生地の拡大画像、店長のおすすめコメント、コーディネート方法、着心地、商品を買った人の声、受賞歴などあればその旨、等々。

これらが「商品を買うにあたってお客さんが知りたいこと」です。お客さんは「買いたいのに、知りたいことが載っていないから買えない」とザンネンがっているわけです。

この体験を踏まえて、「商品ページは、商品を売る場ではなく、買ってもらう接客の場」という視点を共有できれば、「お客さんの立場や視点で考えられる」ようになるはずです。

# 第4章
# 増客

## リピートやクチコミが増える接客

うーん
井伊
洋菓子堂
入り口商品が売れるようになったのはうれしいけれど…
もっとリピーターのお客さんが増えたらいいのに
アウトレット品だと出せる数も限られてるし
売上的にうちの店を支えられるわけじゃない
焼き菓子のかけら
IIYOGASHIDO
…こういう時
藤屋さんが来てくれたら相談できるのに…
はぁー

なーんて
そんな都合よく
現れたら 逆に怖いか
ピコーン
ピコピコポーン
ビデオ通話
名前未登録
着信中
ビデオ通話？
着
誰かな
ポチ
どうも
と 藤屋さん!!
ひぃぃ
なななぜにこのアドレスにっ？
フツーにお店のページに載ってましたが

…というか今どこにいるんですか〜!?
奄美大島ですが何か?
平日に旅行? もしかして無職?
その後
ネットショップは順調ですか?
入り口商品が売れるようになったのはいいけれど…
なっ
リピーターのお客さんが増えないなとかいう悩みはありませんか?
まさか 私の独り言を聞いて……!?
ゾ〜〜ッ
?
ってくらいちょうどよかったです!
まさにそれが今のうちの店の悩みなんですよ
売れるだけマシなんだけどこのままでいいの?って不安もあって…
ふむ

買ってくれたお客さんにはどうしてますか?
ええと
注文確認メールを送って
商品を送ってますけど
ちゃんとやってます!
…それだけ?
ダメですね
ふっ
入り口商品が売れるようになったら次は
うぐ…
"増客"のためのアクションが重要です
ぞうきゃく?

増客とは 簡単にいうと
お店や商品のファンが
増えることです
ファンになってくれた人は
リピートしてくれたり
クチコミしてくれて
それが新たな集客へ
つながっていく――
という好循環が
生まれます
今まで話してきた
集客と接客は
主にお客さんに
買ってもらうまでの
アクションでしたが
増客は
買ってもらって
からが本番です
増客
買ってもらって
から
接客
集客
買ってもらう
まで
うちの商品は
食べてもらえれば
よさがわかると
思うんですが
それじゃダメ
なんですかっ!?
ぐいい
全然ダメ
です

じゃあ お姉さん
よい商品と わるい商品の 違いって わかりますか？
はい 3、2、1
えっ
えっ
そんなの 品質が高いのがよい商品で 低いのがわるい商品です！
ブッブー 違います
………
なにこのクイズ
正解は お客さんの期待値を 上回るのが〝よい商品〟で
下回るのが 〝わるい商品〟です
期待値…ですか？
はい
あくまで お客さん 視点でどうか？ が大事なんです

※『楽天大学学長が教える「ビジネス頭」の磨き方』より

藤屋さんにいろんなお店での買い物をすすめられたとき
すごーく可愛いスカートを見つけたんですよ
レビュー平均4.5!
39%オフ
10万枚突破!!
ランキング1位!
予約商品
レビューも大絶賛で「足が長く見える」とか「友だちにほめられた」とか並んでるのに
届くのに1か月以上かかるわ 商品もシワシワのペラッペラだわ 1回履いただけで破れるわ 最悪で…
ビリッ
レビュー書くのさえ嫌! もう二度とあのお店で買いません!!
落ちついてください
ギギギ
それが前回話した
欲求の壁 比較の壁に続く
第3の壁

ズバリ
うぁあああぁ
購入後の後悔の壁です！
後悔
買わなきゃよかったー
とにかく1回買わせればいいというなら刺激的にあおればいいかもしれませんが
ヤバい
っ!?
買わない人は損します！
えっまだ試してないんですか!?
それでは増客につながらない
あおることで欲求の壁をさげると
後悔の壁
比較の壁
欲求の壁
ギュン
あおり
後悔の壁
比較の壁
欲求の壁
期待値が上がって購入後の後悔の壁が高くなるからです
ちなみにリピーターって何回買った人のことを言いますか？
2回買ってくれたらリピーターじゃないんですか？
違います
購入者の流出率は1回 2回 3回目の購入までは高くてその後はゆるやかに減っていきます

3回買ってくれたら
リピーターと考えて
いかに3回買ってもらえる
接客をするかが大事
ということです
なるほど〜〜〜!
では次に具体的な
増客のアクション
ですが——
はい
はい
そっか
なるほど!
——
じゃあ今日は
これくらいで
はい
やってみます!
増客か…
反省
確かに
買ってもらって
それっきりにしてたわ
それにしても
またまた藤屋さんに
アドバイスして
もらっちゃった

あの人 なんで
ネットショップのこと
あんなに詳しいんだろう
本当にただの
スイーツ男子？
すっ
藤屋…はる…？
藤屋
スイーツ男子
ポチ
ポチ
藤屋 メガネ
藤屋 変な人
陽
検索
ネットショップ
藤屋 陽
ポチ

藤屋 陽さん インタビュー記事
ポチ
カリスマショップ
店長に聞く
代々続く老舗の植木店を営む祖父を持つ藤屋陽さん。
本人はいたって普通の大学生（本人談）だった。
しかし、その1年後に日本一のネットショッピングモール
『ワンダフル市場』で最高のワンダフルショップ賞を受賞し、
伝説のカリスマ店長として多くの人から知られることになった。
一体何があったのか？彼とショップの成長の過程をたどった。
ネットショップ
「藤屋植木店《とうやうえきてん》」
店長 藤屋《とうや》 陽《はる》さん
（26歳）
ええええ
藤屋植木店
藤屋植木店 ワンダフル市場店
OUTLET
藤屋植木店
ワンダフル市場
No.1 ショップ賞
3年連続受賞
ワンダフル市場 ショップ賞 NO.1
■ 園芸部門大賞
■ ベスト店長賞
■ 総合年間ランキング4位入賞
オープン日：2015年2月
ジャンル：園芸
ギネス売上：1億2 0万
スタッフ数：24人
所在地：G県T市
お客さんとのコミュニケーションが一番大事です。
倒産1日前から、一年で売上げ10倍

う…
嘘っ
祖父で藤屋植木店社長の藤屋清志
「部活型の商品」
盆栽部
買付けのためなら
南国でも雪山でも向かいます。
ル市場　No.1ショ
月商最高
1億円達成
ただの
スイーツ男子
だと思って
たのに
こないだの旅も
買付けだったっぽい
こんなにすごい人
だったなんて――!!
うきゃ～
これも
期待値超え
ってやつ？

手作りケーキの店
ペト
変な人とか 無職かもとか 言って ごめんなさい
ナム ナム
カリスマ店長 藤屋さん直伝の 増客アクション
いざ実践！
グッ
カタ…
増客のための アクションの1つ目は
同梱物《どうこんぶつ》です
店の商品のチラシはもちろん メンテナンス方法の案内 次回使える割引クーポンなど
同梱物は 増客の基本です
おいしい
食べ方
湯せん
電子レンジ
次回
50円オフ

2つ目は
フォローメール
・購入確認メール
・発送のお知らせ
・届いた後のメール
など
お姉さんが怒ってたスカートのときのように買い物を後悔したもののクレームをすることもなく無言で離れていくお客さんには
届いた数日後にフォローメールを送ることで問題点を言ってもらいやすくなります
差出人：
宛先：
当店をご利用いただき
誠にありがとうございます。
無事に商品は届きましたか？
カタ
カタ
フォローメールはこんな感じでいいかな？
「何か問題などありましたらお気軽にご連絡ください」
「レビューを書いていただいたお客さまに次回50円オフクーポンをプレゼントいたします」
井伊洋菓子堂
同梱物はこんなのどうかな～
こういうの書くのやっぱ楽しい～
イイヨウガシダヨリ
vol.1

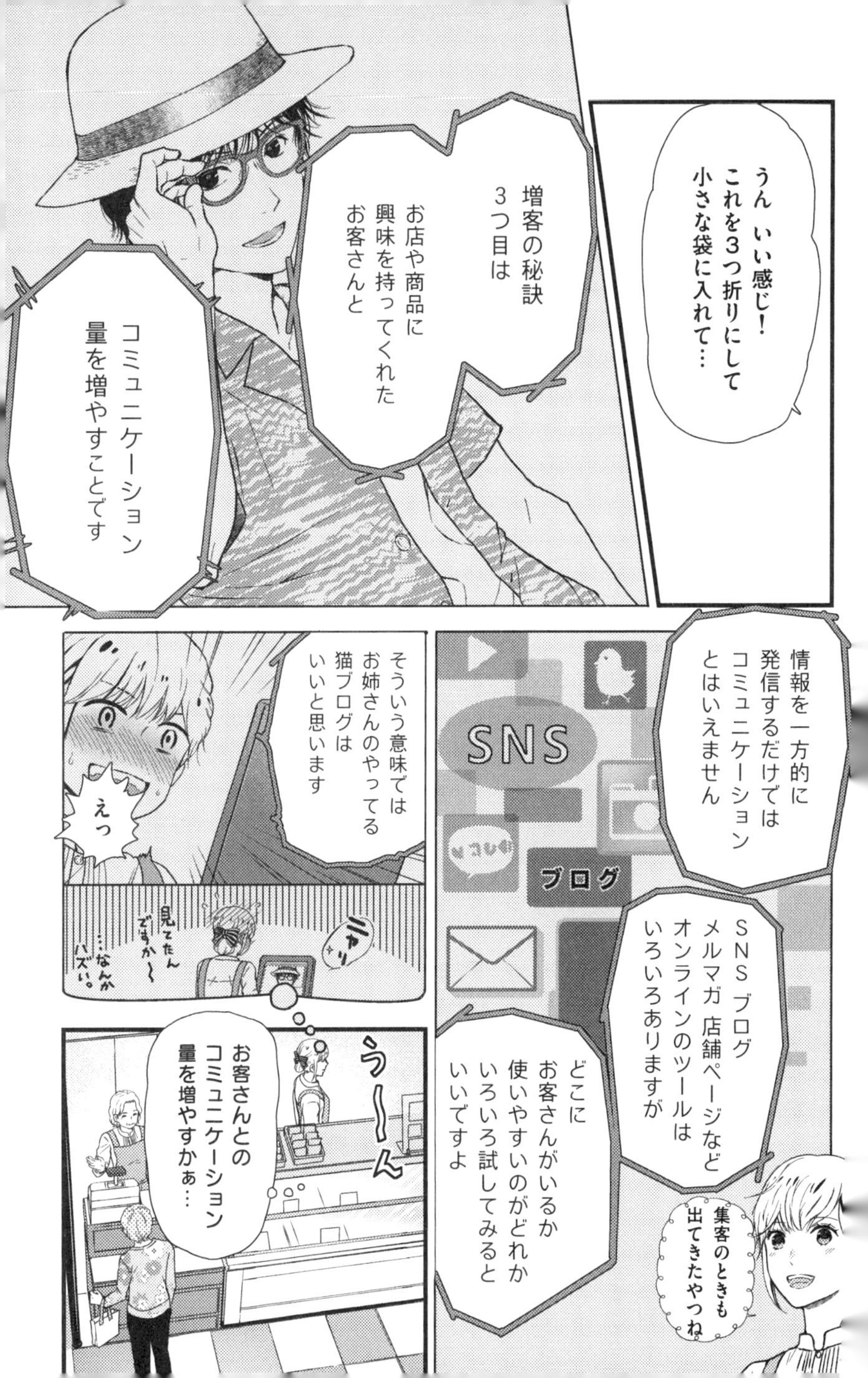
うん いい感じ！
これを3つ折りにして
小さな袋に入れて…
増客の秘訣
3つ目は
お店や商品に
興味を持ってくれた
お客さんと
コミュニケーション
量を増やすことです
情報を一方的に
発信するだけでは
コミュニケーション
とはいえません
SNS
ブログ
SNS ブログ
メルマガ 店舗ページなど
オンラインのツールは
いろいろありますが
どこに
お客さんがいるか
使いやすいのがどれか
いろいろ試してみると
いいですよ
集客のときも
出てきたやつね
そういう意味では
お姉さんのやってる
猫ブログは
いいと思います
えっ
見てたんですか～
…なんかハズい。
ニヤリ
う～ん
お客さんとの
コミュニケーション
量を増やすかぁ…

…といっても
井戸端会議とは
違うよね?
オホホ
それでね
あそこの
息子さんが…
ウフフ
んまぁ〜
あらあ その
バッグいいわ
ねえ〜
これ?
アンケートハガキに
応募したら
当たったのよ!
オホホ
そうだ!
井伊洋菓子堂
から焼きたてのお菓子をお届けします。
初めての方にオススメ
焼き菓子のかけら
150g×3袋
数量限定
送料無料
1000円(税別)
3袋入り
プレゼント企画
こちらのフォームより
アンケートに答えてくださったかた
10名さまに当店人気の
焼き菓子のかけらをプレゼント!
アンケート
Q.1 このショップをどこで知りましたか?
○ 商品検索から

けっこう応募きてる！
プレゼントサイトにリンク張った効果ね
…ん？
「質問です 景品に別の商品の同梱をお願いしたら送料はどうなりますか」
…か
件名：Re 質問です(アンケートフォーム経由)
お問合せどうもありがとうございます。
備考欄に『プレゼントとの同梱希望』と書いていただければ
助かります。
井伊洋菓子堂より
備考欄に「プレゼントとの同梱希望」と書いていただければ助かります
反応があるのって
なんかうれしい
井伊洋菓子堂
カラン
コロン
手作りケーキ
いらっしゃいませ

藤屋さん!?
何やってるんですか?
久しぶりに来るので何か緊張してしまい…
それでプレゼントの当選連絡メールに「景品と同梱なら送料はかかりません」って書いたら
5000円分位一緒に注文してくれた人が何人もいたんですよ!
ふむ
増客への一歩を踏み出したようですね
ギュ
あのっ
うちの店もネットのショッピングモールに出店したいんです
藤屋店長!

………
なんでその呼び名を…
ネットで検索したら 藤屋さんの記事が見つかったんです
スイーツ男子って言ってた人が
実は大手ショッピングモールでジャンル売上1位のカリスマ店長だったなんて
びっくりしましたよ!
まあ隠していた訳じゃないんですが…
5年前
俺が大学生だった頃代々続いてた家業の植木店の経営が悪化しました
なんとか社長である祖父の力になりたいと思って
就職が決まってたゲーム会社の内定も断って 家業を手伝うことにしたんです
藤屋植木店

すぐにネットショップをオープンさせましたが
軌道に乗るまでが大変で…
転機になったのはSNS上で
盆栽部というものを始めたときです
毎年数十名の部員をお客さんから募集して
なんか元気ない!?
コメント
最初に買ってもらった盆栽の育成状態などをSNS上にアップしてもらうんです
祖父が部長として部員のお客さんに育て方を教えたりコミュニケーションをとることで
追いつめられていた祖父自身も元気になっていきました
うちの店が今あるのはお客さんと祖父のおかげなんです

そんなことが…
コホン
…というように
お客さんとのコミュニケーションは一方通行では成立しない
お客さんにも情報を発信してもらうようにすることです
たとえそれが売上げに直結するように見えなくても——
次はショッピングモールに出店したいんですよね？
は はいっ
うちの実店舗で考えると
商店街の中にありますよね？
今はシャッター閉まってるお店多いけど
ということはもしかしてネットの中の商店街にあった方がお客さんも買い物しやすいんじゃないかと思って

フム そういう意味で考えるなら
〝商店街型〟のモールに出店するのはアリですね
ネットショッピングモールには
大きく分けて2つのタイプがあります
〝自動販売機型〟はお客さんがすでに買う物を決めて
検索して買うスタイルです
がホシイ
一方〝商店街型〟とはお客さんがウィンドウショッピングをしながら
探索して買うんです
NETSHOP
お姉さんのお店のように検索買いされにくい商品の場合は
探索買いのお客さんと出会って距離を縮めることができれば
モールに出店する意味合いは十分にあります

あ
もしかして…
いろいろなネットショップで買い物してみてください
必要がなくても欲しくなったものを
…って探索買いも体験しろってことだったんですか!?
………
キラン
そんなことより
今日はこれでいいです
はい?
今日の授業料
喉も乾いたなあとアイスコーヒーで
たぬき
むぅ、これが伝説の…THE・昭和のケーキ!
すごい人…だけど
やっぱ変わってる

解説4

# 「リピーターの増やし方」の誤解を解く

## お客さんの期待値は「1ミリでもいいから超えなければいけない」

まんが本編に「ファンになってもらう」ための考え方のヒントが出てきました。下の図です。

これを深掘りしていきましょう。

「お客さんの期待値を超えるのがよい商品で、期待値を下回るのがわるい商品」だということを表しています。期待値超えすると感動が生まれて、下回ると怒りや後悔が生まれます。

これを公式にすると、

「実感値－《マイナス》期待値＝《イコール》感動（or後悔）」

と表現できます。

さて、ここで問題です。

「お客さんの期待値に100％応えたら、どうなると思いますか？」

感動のメカニズム（＝期待値超え）

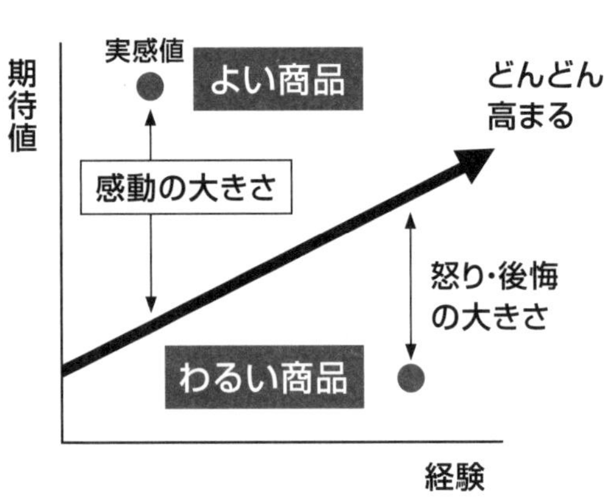

お客さんは、満足します。

お店側からすると、それはよいことでしょうか。「満足してもらえたのなら、いいことじゃないの？」と思うかもしれません。もうちょっと状況を具体的にしてみましょう。ある人がカフェに入ったとします。注文通りのコーヒーが、こぼれずに出てきた。飲み終わってお金を払って店を出ます。「ぜひまた来たい」とか「友達に教えたい」と思うかというと、「別になんとも思わない」場合が多いはず。ふつうにコーヒーを飲んだだけだからです。つまり、お店側としたら「期待値に100％応えるだけではダメ」ということ。

満足度100％というのは「実感値－期待値＝ゼロ」のことです。それは「ふつう」とか「あたりまえ」とか「印象に残らない」ということなのです。つまり、ファンが増える「増客」にはなりません。

お客さんの期待値は「1ミリでもいいから超えなければいけない」のです。

これは、過剰サービスをしろ、ということでは必ずしもありません。「お客さんの期待をよい意味で裏切る方法」はいろいろあります。

最近、買い物して「この商品はほかのブランドのモノとは圧倒的に違う。感動した！」みたいなことはあるでしょうか。

今のご時世、だいたいどこのメーカーからも似たようなレベルの商品が出ているので、そこまでの感動的な商品はさほど多くないと思います。すなわち、「商品に対する期待値」という点でいうと、お客さんはだいたい実感値と違わないレベルで「この商品はこのくらいのモノだろうな」と期待値を持っているわけです。そもそも商品ページで「こんな商品です」と説明しているわけですし。そうすると、単に商品を届けるだけで期待値超えを生むことはむずかしい。まんが本編で藤屋が「商品を送るだけじゃダメ」と言っていたのは、そういう意味合いです。

商品での期待値超えがむずかしいとなると、それ以外のサービスを工夫することが大事ということになります。思いつきやすいところでいうと、「おまけをつける」。これはひとつのアイデアです。ただ、自分がお客さんだとして、1回買ったお店でおまけがついてきて「おおっ!」と感動したとします。2回めに注文をしたときに、おまけが入っていなかったらどうか。「おまけが入っていると思って注文したのに損した! サービス悪くなった!」のようにガッカリするはずです。

それが130ページの図にある「期待値は経験とともにどんどん高まる」ということの意味合いです。「おまけが入っている」のが期待値になると、そこで期待値超えを生み出すのもキツい。おまけをグレードアップし続けると、コストも上がる。では、どうするか。
「お客さんが期待していない（期待値ゼロの）点を探し続けること」は大事ですが、おまけの例のように、見つけても1回しか使えません。そこで、「強みを活かしてコストを感じないサービス」をつくるのがおすすめです。
前章の解説で、ロードバイクを買った例を出しました。店長さんがいろいろ教えてくれることが価値になっているパターンです。その店長さんにとっては、お客さんにロードバイクのことを教えるのはたいしたコストだと感じていなかったりします。楽しそうにしゃべっているだけ、というイメージです。
このように、専門知識をちょっとずつ伝えることができれば、お客さんは常に「またいいこと教えてもらっちゃった」となりやすい。とすれば、強み次第でサービスの形はいろいろ考えられるわけです。

## よいお店は「後悔させないことに注力する」

この図から学べるもうひとつ大事な視点は、後悔されないようにするための「期待値コントロール」です。期待値コントロールとは、お客さんの期待値が高すぎるとガッカリされるから、不用意に期待値を上げすぎない、またはあらかじめ期待値を抑えておくことです。

具体例を挙げましょう。お客さんがネットショップへ、金曜夜に問い合わせメールをしたとします。お店は土日休業だったので月曜に返信をしたら、そんな事情を知らないお客さんから「対応が遅い！」と思われてしまっているというケースは、よくあります。もしページやメールでわかりやすく「土日は定休日です」と書かれていれば、お客さんの期待値は「返事は月曜日だな」となる。これが期待値コントロールです。コントロールというとお客さんを意のままに操作するようなニュアンスを感じるかもしれませんが、本質としては「期待値を適正化するためのコミュニケーション」というイメージです。

公式で考えるなら、「実感値−《マイナス》期待値」をプラスにするには、実感値を大きくするほかに、期待値を小さくできればよいということです。

期待値を大きくしないという意味においては、まんが本編にも出てきた「あおって売らないようにする」のが極めて重要になります。次ページの図です。

あおるとお客さんは思わず買うけど、あおった分、期待値も上がる。だから「思ったほどじゃなかった」と後悔しやすくなる、というメカニズムです。

ここで「購入後の後悔」について補足しましょう。

## よいお店は…後悔させないことに注力する

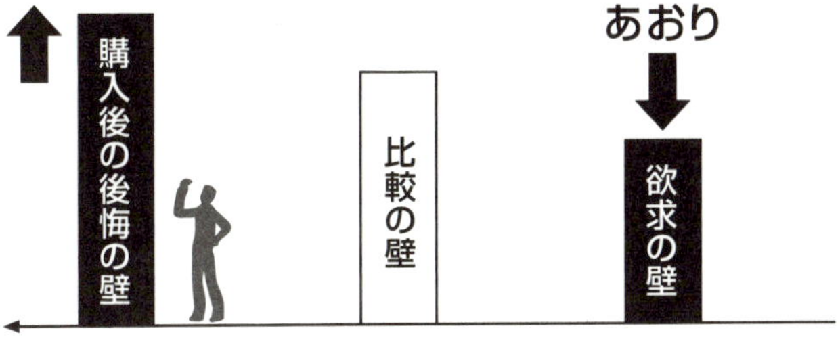


※あおることで「欲求の壁」を〝下げる（超えやすくする）〟と
期待値が上がるので、「購入後の後悔の壁」が高くなる

人は、自分が買い物をしたときに、「この商品を今この店で買おうと思った判断は間違っていた」と思いたくない生き物です。買ったあとに、「同じモノがもっと安く売られているのを見つけてしまった」ということがあってはいけない。そんなのを見つけた暁《あかつき》には、「もう二度とあの店では買うものか」と決意するわけです。

ゆえに「いかに後悔させずに済むか」を念頭に置いたフォローができるかどうかで、「このお店で買ってよかった」なのか、「この店で買って失敗した」なのかが分かれます。よいお店は「後悔させないことに注力する」のです。

その一例が、駒子がやっていたフォローのメールです。

よく「商品はいかがでしたか？」というフォローメールを見かけますが、タイミングによってはお客さんがまだ商品を使っていなくて、機能しない場合もあります。だから、駒子がつくっていた文面のように「商品は無事届きましたか？　何か問題ありましたらお気軽に」というほうが、問題があったときに返信をもらいやすい傾向があります。
また、「商品レビューをお願いします」という件名でフォローメールを使っているケースがありますが、それだとトラブルがあったとき、レビューに書かれやすくなります。トラブルの連絡は、レビューよりもメールの返信でもらえるほうがお店としてはありがたいでしょう。ちょっとした言葉遣いも大きな違いを生み出します。
ハナシを期待値コントロールに戻しましょう。
あるお店では、福袋企画の際はあえて画像のクオリティを下げます。福袋を買うお客さんは、ただでさえ「どれほどお得な買い物ができるのだろうか」と期待値が上がっている状態です。そこで、いかに期待値を「適正化」してガッカリさせずに済むかを考えた結果、画像のクオリティを下げるようにしたのです。「販売予定数量を売り切るラインはキープしながら、いかに期待値を上げずに済ませられるか」というのが商売センスの高い店長さんの問題意識なのです。

## 2回買ってくれたお客さんをリピーターと考えてはいけない理由

まんが本編に、「3回買ってくれたらリピーター」という考え方が出てきました。あれはなぜ「2回」ではなく「3回」なのでしょうか。

あるとき、ネットショップの購入回数別の客数のグラフを出したら、次の図のようになりました。ほとんどのお店で1回購入者に比べて2回購入者がドンと減り、2回購入者に比べて3回購入者がまたドンと減っていました。ところが、3回購入者と比べると4回購入者はわずかに減るだけで、5回以降も微減、という傾向があったのです。

自分がお客さんとして「2回買ったけど3回目は買わずに他店で買うようになった経験」はありませんか? たとえば飲食店。たまたま出先で「ここでいいかな」と入ったお店が意外とよかったから、「これはよいお店を見つけたかもしれない」と思って、また次に機会ができた際に2回目行ってみたら、「あれ? 思っていたほどよくないな」と感じて、もう行かなくなった、という展開。

最初は大した期待をしていないので、実感値が期待値を超えたわけです。でも2回目は、「1回目の実感値のラインまで期待値が上がっている」ので、そこから比べると、「あれ? 思っていたほどよくないな」となります。期待値と同等、または下回ることになった結果、3回目を買うこと

お客さんの購入回数別グラフ（イメージ）

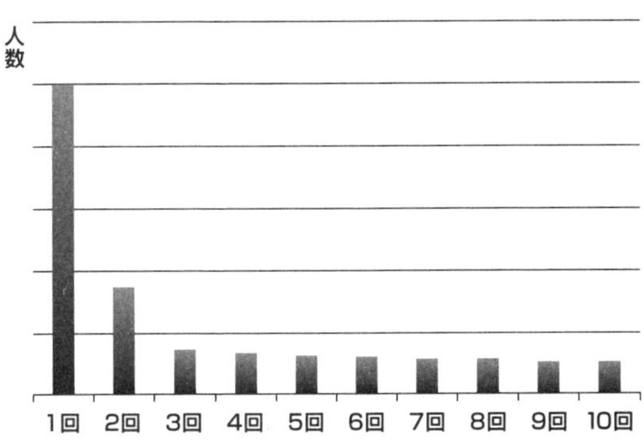

がなくなる、というパターンです。

3回目を買わないパターンはほかにもあるでしょうが、このパターンのお客さんがいるとしたら、2回目に買った時点で「やっぱりよいお店だな」と思ってもらうことが重要です。つまり、2回連続で「期待値超え」の体験をしてもらう。そして3回目を買ってもらうところまでを想定し、接客・増客ストーリーを考えているのがよいお店なのです。

# 第5章
# 消耗戦
## 広告の2つの使い途と落とし穴

井伊洋菓子堂
G県T市から焼きたてのお菓子をお届けします。
初めての方にオススメ
焼き菓子のかけら
送料無料
1000円
地元の皆さまに愛され続けて30年
フランスで3年間修行した、ガンコなパティシエが作る
本格的な洋菓子のお店です。
うちの店も大手モールに出店!!
日本一のショッピングモール
ワンダフル市
井伊洋菓子堂
ワンダフル市場店
ついにここまで来た!って感じ
出店数
会員数 日本No.1の
でも藤屋さんが「モールに出店しても自分からアクションを起こさないとアクセスは増えない」って言ってたっけ
フフフ…
こんな時こそ今まで培《つちか》われたノウハウが使えるわ〜〜〜!!
カタ
カタ

さらなる高みを目指して…！
井伊洋菓子堂
なに？
新商品を作れだと!?
うん！
できれば1000円くらいで気軽に買えてボリューミーでカワイイやつ！
はー
高い要求だな
頼んだわよ！
めんどくせーな
ブツブツ
とか言いつつ結局やってくれるのが
お父さんのいいところよねぇ～
うん

藤屋さん
うちの店も
月商300万円を
目指そうと思います!
ほう…!
モールに
出店して
アクセス数も
増えてきたし
今度発表する
新商品に
あわせて
ドーンと
モールに広告を
出してみようか
と計画中です
広告
ですか…
まずは
失敗しても
痛すぎない金額で
いろいろ試してみるのは
アリですね
えーっ
「ここに広告を出せば
売れる」みたいな
鉄板のやり方は
ないんですかっ!?
それがわかれば
俺がやってます
ですよねー

広告の使い方には
2パターンあります
まず1つめは
ネットショップを
始めたばかりで
まだ手応えがなくて
本腰が入らないとき
広告をやることで
「ネット上にはこんなに
お客さんがいるのか
だったら本気でやって
みよう！」という
点火ツールと
しての広告です
ボワッ
もう1つは
普通にやっていれば
1年後に出会える
お客さんがいるとして
広告を出すことで
今月会えたという
1年後
ボボ
ボ
ボ
成長加速ツール
としての使い方です
でも どちらにしろ
広告で売れて
すぐ利益が上がる
わけではないです
しゅん
即儲かるもの
だとばっかり
思ってました

でも今の井伊洋菓子堂なら試す価値は十分あるんじゃないですか？
ガタッ
やってみます！
1つ注意点として
広告コストを回収するためにはリピートしてもらう設計図が重要で…
バタ
バタ
……
お姉さん…？
大丈夫かな…
井伊洋菓子堂
お母さんに今食べてもらってるのが
モールのスイーツ部門でいつも上位のケーキなの
うちの店のロールケーキの方がおいしいと思わない？
モグ
モグ
この価格ならうちだって頑張れば…

うん 美味しい
…って お母さん 聞いてる？
ホワ～
ダメだ アドバイスもらう どころじゃない…
お母さん あんまり 頼りにならないから 私が頑張らなくちゃ
フワフワ
うるせー
そして
試作品が完成！
モグ

極上の
バタークリームのロールケーキだわ
これなら自信を持って売り出せるよ！
そりゃどうも
定番商品
入り口商品
そして新商品もできた！
焼き菓子のかけら
この広告は1年後に会うはずだったお客さんと
ワンダフル市場
出店者向け広告
プランA
プランB
申し込み
申し込み
申し込み
今出会うための
成長加速ツール!!
ポチッ
申し込み

パリン
藤屋植木店
あーあ
どうかしましたか？
藤屋店長！蘭《らん》の鉢が急に…
フム
成長スピードが速すぎて根詰まりしてますね
一気に伸びるものは一気に廃《すた》れる
植物も然《しか》り
ネットショップも然りか…
一発屋のネットショップにならないでくださいね
お姉さん…

広告掲載から数日後
ビクッ
きゃあ―――っ
うそ…
ランク入りしてる…！
8位
ロールケーキランキング8位
9位
ロールケーキランキング9位
極上バターロールケーキ
井伊洋菓子堂
1200円(税別・送料別)
10位
信じられない
安めの広告を買っただけなのに
やっぱり効果あるじゃない…！
広告
井伊洋菓子堂
極上バターロールケーキ
ンダフル市場イチオシ
大特価
おすすめ商品
ゴクリ
これなら

月商300万円
どころか
500万円…ううん
1000万円も
夢じゃないかもしれない
ボッ
点火完了!!
よし 売って売りまくるぞ～!
……
この際
必要経費は
惜しまないっ
デジタル一眼レフカメラ
実はコレ
ずっと欲しかったんだ
ジャーン
ドーン
これも
これも!
画像編集ソフト
バーン
これも!!
…ってなったら
アレもコレも
必要だわ～
井伊洋菓子堂

げっ
今月の支出すごい…
請求書
井伊洋菓子堂様
オッケーオッケー
これも必要経費
ねえ駒子～
なに？
いつも焼き菓子のかけらを注文してくれるお客さんからメール来てたわよ
「最近ずっと品切れだけどいつ入荷しますか？」だって～
今それどころじゃないのに…！
でも～…
えっ？
じゃあ正規品割って送ってあげて！
それじゃあかけらじゃなくない？
イラッ

いいから そうして!
ワンダフル市場
ロールケーキランキング
本日更新
1位
2位
3位
4位
5位
モールのランキングが もう圏外になってる!!
な なんで?
昨日まではランクインしてたのに…
広告終わったからって こんなに すぐに?
5位
NEW
7位
NEW
10位
SALE
11位
13位
14位
NEW
新しいお店が こんなに…!
安売りしてる お店もある

うそでしょ
まだ広告費の元も取れてないのに
これじゃ月商３００万円も達成できない
ワンダフル市場
出店者向け広告
ポチ
プレミアムプラン
申し込み
ワンダフル市場のオススメ！
SALE
井伊洋菓子堂
極上バターロールケーキ
1200 円(税別・送料別)
期間限定セール
なんと
↓
↓
↓
300円オフ
ーーついに始まってしまったようですね

終わりなき
消耗戦が…
先週のネットの注文が60件か…最近増えたな
また広告出したから…ね
しばらく このくらい注文が続くかもしれないけどよろしくね！
ヤレヤレ クリスマス並の忙しさだな
ブルル
ブルル
藤屋さん
着信中
どーも かわうそ運送です
藤屋さんからだ
ああもう 今は忙しいんだってば！
はーい

藤屋さん
拒否
ピッ
【ワンダフル市場】注文内容ご確認メール
【ワンダフル市場】注文内容ご確認メール
【ワンダフル市場】注文内容ご確認メール
えっ
ひと晩で
500件近い
注文が入ったの…？
どうしよう
これじゃあ

生産が追いつかない！
だけど広告期間は残ってるしかかった費用も回収したいし…
ピコーン！
ビク
新着メール受信
また注文！
【ワンダフル市場】注文内容ご確認メール
【ワンダフル市場】注文内容ご確認メール
【ワンダフル市場】注文内容ご確認メール
【ワンダフル市場】注文内容ご確認メール
【ワンダフル市場】注文内容ご確認メール
【ワンダフル市場】注文内容ご確認メール
【ワンダフル市場】注文内容ご確認メール
おい駒子！
ネット受注を止めろ！これ以上は作れねえぞ！
駒子～問合わせの電話が
この前のかけらを注文したお客さんがね…
「自分は正規品は頼んでないのに」ってすごく怒ってるわよ～
ねえ駒子
おい駒子！

ばたん
―駒子!―
この月
井伊洋菓子堂
ネット店は
最高売上を
記録
井伊
洋菓子堂
だが
生産・発送が
追いつかずに
受注が崩壊
収支的にも
大赤字
家族は疲れ
果ててしまった

お客さんの反応も
~~お客さまの声~~
期待したほど美味しくない
2週間経っても音沙汰なし 最悪です！
届かない
残念です もう二度と買いません！！
もう限界
ネットショップもうやめようかな…
…！…
…！…

お母さん…？
〜…！
今日はやっとの休みなのに朝から何して…
〜…
先日は本当に申し訳ございませんでした
はい…はい
返品後に送り直した焼き菓子のかけらは大丈夫でしたか…ああ よかった！
ですよね〜 端っこのアウトレット品だから美味しいんですよね
ちょっとコゲてたり
オープン当初から何度も買ってくださってありがとうございます
ペコ
今後ともどうぞよろしくお願いします

知らなかった…
お母さんがクレーム対応してくれてたなんて
増客とは
お店や商品のファンが増えることです
なのに私は
なんのために
何をしていたんだろう…？

解説5

# 「成長とは何か」の誤解を解く

## 「成長し続けること」を目指して、「膨張し続けただけ」になっていないか

まんが本編、駒子がタイヘンなことになっていました。この展開について、「成長と膨張の違い」という視点で振り返ってみましょう。

EC界隈に限ったことでもないですが、「頑張れば頑張るほど激しい消耗戦に巻き込まれる店舗」をたくさん見てきました。仕事がうまくいくように頑張り、結果も出してきた。しかし、ステージを上げれば上げるほど、戦う相手が増えていったり、新たに強大な競争相手が現れたりして、体力的にも気力的にも財力的にも消耗してしまっている。そんな店舗です。

努力が実って商品がランキングに入ると、それを見た同業者が「これが売れるんだな」と、同じ商品や同種同等の商品の値段を下げてきます。また、新しいお店は、オープニングセールとして「赤字でもいいからお店を知ってもらおう」とプロモーションをかけてくるので、すぐ価格競争になってしまいます。そうやって、売るモノを真似され、1円でも安くされて価格勝負を挑まれ、という競争が果てしなく続きます。

ベテランのお店は、すでに売り上げも大きくなり、スタッフの人数も増えてきているため、

足元の数字をきっちりつくっていかなければ、キャッシュフロー（現金収入と支出）が心配になります。したがって、どうしても「目の前の競合」と「今月の目標数字を必達させねば！」というところに意識が集中しがちです。

あるベテラン店長と話していたときに、彼がボソッとつぶやきました。「お客さんにしたら誰から買っても同じなんですよね。ウチの店である必要が何もない。長くやってきたけど、今までやってきたものが全然積み上がっていない。なんだったんだろう」と。

それが「膨張」ということです。

「成長し続けること」を目指して、「膨張し続けただけ」になっていないか。

これは、企業としても個人としても、一度振り返ってみるべき問いではないかと思います。巨大になることを目指したイモムシのように、業績を示す数字は大きくなっていても、それが健全な「増客」を伴った成長なのか、不健康なメタボ膨張なのかを見分けることが大切です。つまり、ファンが増えるような売り上げの伸び方かどうか。

これは「ＥＣモールだと消耗戦になる」という問題ではありません。実際、モール内で消耗戦を繰り広げているうちに、ふと思わぬところから、つまりモール外に強敵が出現するのです。強大な外国企業がドカンとやってきたり、大手メーカーが直販ＥＣサイトをスタートしたりする。言ってみれば、「戦国時代に武将同士で競り合っていたら、そこに黒船が来た」というようなことが起こっているのが、昨今のネットショップを取り巻く状況です。ネットショッピングは、お客さんにボタンひとつで「価格が安い順」に並び替えられてしまうので、この消耗戦は世界中で起こっています。

では、価格競争は「ECビジネスの宿命」なのかといえば、そうとも限らないのです。消耗戦を抜け出し、楽しそうに商売をしているお店があります。価格競争をしなくてよいスタイルを編み出し、長続きしているお店があるのです。

具体例を紹介する前に、駒子の様子を少し見守ってみましょう。

## 集客は成功ノウハウの賞味期限が短い

まんが本編（1章）で、藤屋がいろいろな集客方法を言っていましたが、集客というのは状況の変化が速くて、常に移ろっていくものです。具体的な成功ノウハウの賞味期限が短いから、マネしたときにはもう遅いことが多い。追っているばかりだといつまで経ってもうまくいきません。だから具体的なやり方も大事ですが、考え方を身につけて試行錯誤することが何より大事なのです。

変化の具体例として、「SEO（サーチエンジン最適化）の変遷」を見てみましょう。
検索されたキーワードがサイトに多く盛り込まれていれば、検索結果に上位表示される仕組みだった時代があります。その裏をかいて、ページの下のほうにキーワードをコピペしまくる人が現れます。そうやって対策をすることで検索上位に上がったサイトが増えます。
ここで、「検索サイトを開発している人」の立場になってみます。
内容がしょぼいのに検索対策をしたサイトが上位にきている状況を見て、どう思うか。検索サービス会社からすると、ユーザーが検索したときに「そうそう、こういうサイトを探してた」と思うような良質なサイトを上位表示しないと使ってもらえなくなるわけです。そこで、対策を施したサイトを「スパム判定」して上位に表示されない工夫をします。
同時に「よいサイトとは何か」を考えて、「たくさんリンクが張られているサイト」を上位にするように変わりました。でも、そうとわかれば、対策側としては「サイトをたくさん立ち上げて、自分のネットショップにリンクを張ろう」となる。それに対抗するために検索サービス会社側は、アクセスのないサイトから多数リンクが張られていたら、順位を下げるように改良を施す——
そんな「いたちごっこ」が繰り返されているのがSEO界隈です。SEOが成功すれば大量の集客が可能ですから、対策しようとする人はいなくなりません。でも、「そのいたちごっこ自体が楽しいし得意だ」という人でない限りは、あまり追わないのが賢明です。駒子だって、ＳＥＯ対策に明け暮れていたら、それこそ父に「商売をなめるな！」と怒られることになるでしょう。
　ではどうするか。検索エンジン開発者の気持ちになって「どんなサイトを上位表示したいか」を考えると、地道に「お客さんに喜ばれるコンテンツ」をつくっていくのが一番のＳＥＯです。小手先の対策に使ったリソースは資産として残りませんが、魅力的なコンテンツはずっと残ります。

　ＳＥＯ以外でも、ウェブ広告やＳＮＳのような「人が集まっている場所」は刻一刻と移り変わっていきます。これが「集客は成功ノウハウの賞味期限が短い」という意味合いです。どこから芽が出てくるかわからないから、やれることは全部やってみるというのが、特に立ち上げ期は大事なのです。
　このように集客環境の変化が激しいからこそ、「増客」によってリピートやクチコミが発生して「新たな集客」につながっていく、というサイクルが回るようにできるかどうかが重要になります。

チームで共有するワーク

# 売上の公式

「目標月商300万円を達成したい！」と思ったとき、何をどうするかを考えるために必要不可欠なのが「売上の公式」です。

実店舗の小売業界では一般的に「売上＝客数×客単価」という公式が使われていますが、ネットショップの場合はアレンジを加えて、

売上　＝　アクセス人数　×　転換率　×　客単価

と表現します。「客数」の部分をさらに分解して「アクセス人数×転換率」としたものです。「客数が１人」という場合を考えてみましょう。10人がアクセスして10％が買ったのと、100人がアクセスして１％が買ったのとでは、同じ１人が買ったとしても、まったく違います。この点、来店者がほぼ買い物をして帰るような実店舗の場合は、転換率という概念の必要性は低いかもしれませんが、ネットショップだと買わない人が多いため、分解する意味が大きいのです。なお、転換率は、購買率、購入率とかコンバージョンレート（CVR）と表わすこともあります。

この公式を理解するにあたっては、いくつか大事なポイントがあります。

まず、「アクセス数」と「アクセス人数」の違い、わかるでしょうか。同じ意味だと思って使っている人を見かけることが少なからずありますが、全然違います。

１人が５ページ見たら、アクセス数が５で、アクセス人数は１です。

（※アクセス数を「ページビュー（PV）」、アクセス人数を「ユニークユーザー（UU）」と表すこともあります。）

次に、売り上げを因数分解したこの３指標をどう活用するか。

たとえば井伊洋菓子堂の数字が、「アクセス人数10000人×転換率５％×客単価3000円＝売上150万円」だったとします。そこから月商300万円にしたいなら、この３指標をかけ合わせて300万円になるようにすればいいわけです。

そのためには、それぞれの指標はどうやったら増えるのか（減るのか）ということを理解する必要があります。そこで、ここまでに出てきた「集客・接客・増客」と「売上の公式」の関係を考えてみましょう。

集客がうまくいくとアクセス人数が増えます。これは誰でもわかりやすいはず。接客がうまくいくと転換率は上がります。これもわかりやすい。

では、残った増客と客単価はどうつながるか。これは少し想像をふくらませる必要があります。ひとつは、ファンになると単価の高いものも買ってくれるということ。さらには「お歳暮に使いたいから30軒分、お願い」みたいな注文がくるとか、「近所のお友達の分もまとめて10人分買います」みたいな注文も、増客によって客単価が上がっているといえます。

このように「数字の先にあるお客さんの動き」がイメージできるようになったところで、150万円から300万円にするには３指標をそれぞれどのくらいにするかを考えていきます。

売り上げ２倍ということは、アクセス人数だけ２倍でもいいし、転換率だけ２倍でもいいし、客単価だけ２倍でもいいわけです。1.5倍×1.2倍×1.1倍のようにバラけさせてもいい。理論的にはそうですが、「客単価２倍」は現実にはむずかしいです。客単価3000円を6000円にするには、商売替えでもしないといけません。現実的に考えると、数字を大きくしやすい順番は、アクセス人数、転換率、客単価の順です。

では、アクセス人数を１万人から２万人にすればいいかというと、そう簡単にはいきません。なぜなら、短期的に集客をがんばったとき集まってくる人は、これまでアクセスしてくれているお客さんよりも薄くなりがちだからです。だから、２万人になったときには、いまより転換率が下がります。だから単純に売り上げ２倍にはならないのがふつうなのです。

では、薄い分、セールにすれば転換率は下がらないはず……と思っても、セールにすると客単価が下がります。このように、３指標はすべて連動しているのです。

「結局どうすればいいの〜⁉」という声が聞こえてきそうですが、いろいろ試してみて、その都度数字で検証するしかありません。「鉄板のやり方があるはず」という幻想を早めに捨てて、「数字の先にあるお客さんの動き」を想像しながら、試行錯誤を高速で繰り返すことが成長の秘訣です。

この考え方をチームのメンバーで共有して、「どうするどうする？」と意見を出して、すり合わせをしながらアクションを決めていけるようになると、お店は化けます。

# 第6章
# 笑顔と絆《きずな》

## ショッピング・イズ・
## エンターテインメント!

井伊洋菓子堂のネットショップは
広告や値下げをいったんやめた
洋菓子堂
注文分はこれで全部だな
うん
ネットの売上は以前よりだいぶ減ってしまったけど
お父さんは私を責めない
ケーキってのは

昔は特別な日に食べるもんだった
誕生日とかお祝いとか
注文してくれたものはちゃんとお客さんの元に届けないとな
お父さんごめんね
私
一番やっちゃいけないことしちゃったんだね…
先月一番多かったお客さんからのクレームは
指定した日に商品が届かないことだった
ぐしっ

注文書
備考欄
13日に届けてください。
先月注文分の備考欄…
「贈り物用に包装してほしい」
「ロールケーキを切って送ってほしい」
備考欄
ロールケーキを切
誕生日用の
ローソクをつけてく
こっちは「誕生日用のローソクをつけてください」
これ 私全部無視しちゃってたんだ
イラッ
発送するのに精一杯だったとか言い訳できないよね…
今さらかもしれないけどおわびのメールしよう
カタ
カタ

カタ
「セール品につき包装のサービスはうけたまわっておりませんでした
ですが
今後は様々なサービスをご提供できるよう改善してまいります」
全部のご要望にこたえられるわけじゃないけど…
ロールケーキカットのサービスはうけたまわっておりません
ケーキってもんは特別な日に食べるもんだったんだ
ローソクが無い誕生日ケーキじゃ味気なかったはず
本当にごめんなさい

井伊
洋菓子堂
足元 気をつけてね
家帰ったら すぐ冷蔵庫 入れてな
はい
いつも ありがとう
……!
この〝笑顔〟のために

お父さんも
お母さんも長い間
頑張ってたのかな
なのに私は
たくさん商品を
売って
売上をのばすこと
しか考えられなく
なっていた
これじゃあ
うちの店では
なくなってしまう
安売りしたり
ランキング上位を
目指すよりも
ワンダフル市場
ロールケーキランキング
本日更新
1位
2位
3位

お客さんの
笑顔を
増やしたい…！
おい駒子
ハロウィンの
試作のクッキーが
焼けたから見てくれ
どれ？
うっ…
どぉおーん
失敗も
ブログの
ネタになる
かわいい…か？
井伊洋菓子堂の
看板猫
ブログ
猫クッキー試作！
あっ
猫クッキー試作！
コメント24件
たくさん
コメントが
ついてる！

なになに
「猫のクッキー笑えます」
「私も作ってみたい～」
「怖かわいい」
コメント24件
怖かわいい
出しました
クッキーの生地を販売し
「5歳の息子がお菓子を作りたいと言い出しましたぜひクッキーの生地販売してください」
だって!
クッキーの生地か…
これ楽しそう!
売上には直接つながらなくても
井伊洋菓子堂の看板猫ブログ

好きにしろ。
きっと笑顔につながる!
ワンダフル市場
から焼きたてのお菓子をお届けします。
井伊洋菓子堂
ワンダフル市場店
初めての方にオススメ
焼き菓子
数量限定
3袋入り
10月1日～31 日限定企画
クッキーパティシエ コンテスト
ブログでお客さまから
『クッキーの生地が欲しい』とのお声をいただきました。
そこで…クッキーの生地を買っていただいて
お客さまにオリジナルクッキーを作ってもらう
コンテストを開催することになりました!
皆さまの楽しい作品が出来ましたら
メールで写真を送ってください!
商品ページはこちら⇨
ハロウィンのオバケクッキーなど
参加賞として写真を送ってくれた方全員に井伊洋菓子堂認定カードをプレゼント!
チョコペン
クッキー生地
店内にもポスターを
クッキーパティシエ コンテスト
ペタ

井伊洋菓子堂
見て!
お客さんが作ったクッキーの写真がこんなにたくさん届いたよ
まあかわいい〜
あっお父さん!
お父さん宛に5歳の男の子からメールきてるよ
何?
「おじさんきじ ありがとう」
「おおきくなったらケーキやさんになりたいです」だって

くすくす
照れてるわ〜
んだよ
手間のかかることばかりやらせやがってよ
お客さんの笑顔が
お店も元気にしてくれる
クッキーパティシエ コンテスト

今の成功はお客さんのおかげなんです
藤屋さんが言っていたのはこういうことだったのかもしれない
ピコーン
あっ またクッキーの写真だ！
名:クッキーパティシエコンテスト写真
な 何コレ!?
何って
ギィ
ベニテングタケクッキーです
ズビーーン
その声は藤屋さん!!
藤屋さんもパティシエコンテストに参加を!?
まあ スイーツ男子としては当然ですが何か
赤いかさには食紅を使いました
スイーツ…ですよねー…
しばらくこの店に顔出してませんでしたが大丈夫でした？

大丈夫じゃありませんでした！注文はパンクするわクレームはバンバン来るわ
それはちょうどよかったですね
は？私の話聞いてました!?
聞いてますよ
「それはちょうどいい」は
ピンチをチャンスに変えるマジックワードなんです
クレームがきた？「それはちょうどいい」
お客さんとちゃんと話して信頼関係をつくるチャンスだ
フッ
ほーらね
………

実際に
こんな話が
あります
あるお米屋さんが
頑張って頑張って
月商1千万円を
達成したとき
発送がパンクして
数百件の注文が
止まってしまったんです
うちの店の
状況と似てる
他のお店も
同じなんだ…
具体的に
どうやって
乗り越えたかに
ついては──
わかって
ますよ
藤屋さん
それは自分で
考えるんです
よね!

…変わりましたね
お姉さん…
えっ そうですか？
私が変わったかどうかはわかりませんが
私
最近お客さんとやり取りするのが楽しくなってきたんです
「お客さんからの問い合わせに丁寧にこたえるようにしよう」
そう思っただけなんです
注文書
備考欄
13日に届けてください。
もちろん全部がうまくいく訳じゃないけど

駒子
お客さんからの問合わせの電話よ
バターロールケーキまた欲しいんだけど飾りつけできますかって
わかった今かわるね！
バタ
バタ
……
やれやれ
もう俺の助言も
必要ないですね…
井伊
洋菓子堂

解説6

# 「何のために働くのか」の誤解を解く

## 消耗戦を抜け出そう――「違いを生み出す3つのC」

駒子も駒子の父も楽しそうだし、お客さんも楽しそうです。消耗戦を抜け出せたように見えます。なぜこうなったのかを整理してみましょう。

今の井伊洋菓子堂には「違いを生み出す3つのC」があります。

コンテンツ（Content）
対話（Communication）
遊び場（Community）

の3つです。

この「3C」を考えるときの助けとなるキーワードがあります。「静的コマースから動的コマースへ」というものです。静的コマースは、カタログ的または自動販売機的に、モノを決まった価格で販売するスタイル。セールで値引きする場合も含まれます。動的コマースは「参加型企画」による動きのあるスタイルです。

静的コマースと動的コマースの違いをまとめると、下の表のようになります。

この両者では、「対象となるお客さん像」と「提供する価値」が異なります。

静的コマースは「検索する人」、すなわち「すでに欲しいモノがある人」に「便利さ（安さ・時間短縮・手間軽減など）」の価値を提供します。できるだけ効率よく買い物を済ませたいと思っている人に、最小限のコストでモノを買ってもらいます。

動的コマースは「探索する人」、すなわち「欲しいモノがない（気づいていない）人」に「楽しさ（コミュニケーション・つながり・学びなど）」の価値を提供します。なにか面白いことはないかと探している人に、遊んでもらいながらモノを買ってもらいます。

静的コマースは「有名になること」でお客さんが増えます。宣伝や広報によって露出を高め、認知度アッ

静的コマース と 動的コマース

| | 静的コマース | 動的コマース |
|---|---|---|
| スタイル | モノを決まった価格で販売するスタイル<br>カタログ的、自動販売機的 | 参加型企画による動きのあるスタイル<br>オークション、コンテスト、クラウドファンディングなど |
| 対象のお客さん像 | 検索する人 | 探索する人 |
| 提供する価値 | 便利さ（コスト最小化） | 楽しさ（ベネフィット最大化） |
| 顧客増大の秘訣 | 有名になる | お客さんと遊ぶ |
| 模倣容易性 | マネされやすい | マネされにくい |
| 大金星の可能性 | 巨人には勝てない | 巨人とは勝負しない |
| 世界観 | モノ中心 | 価値中心 |

プを図ります。動的コマースでは、お客さんと遊べる場を企画し、コミュニケーション量を増やして距離を縮めることで「仲間」と呼べるようなお客さんが増えます。その仲間が自分の友達を連れてきてくれて、お客さんが増えていきます。

静的コマースはマジメに働いている感じで、動的コマースは仕事をせずに楽しんでいる感じがするかもしれません。でも、マジメな静的コマースには弱点があります。静的なだけに上っ面をマネされやすいから、消耗戦に陥りやすいのです。人気ランキングに入ると、すぐ他社から同種・同類・同等の商品が売り出されます。ページや売り方も、極端にいえばページのソースをコピペできてしまいます。消耗戦というのは、圧倒的に規模の大きいところが強く、中小企業は太刀打ちできません。そこで、まともに戦わないための工夫として、動的コマースへのシフトが大事になるわけです。

シフトといっても、静的コマースをやめて動的コマースをやるという意味ではありません。あくまで、「静的コマースだけだと消耗戦に陥りやすいので、アクセントとして動的コマースを取り入れることで状況を変えられる」という意味合いです。その動的コマースを構成するのが前述の、コンテンツ（Content）、対話（Communication）、遊び場（Community）の「3つのC」です。

これらを井伊洋菓子堂にあてはめてみましょう。

パティシエコンテストが「コンテンツ」で、参加してくれるお客さんとの「コミュニケーション」が生まれています。そもそも企画（コンテンツ）のアイデア自体が、お客さんとのコミュニケーションをもとに着想されたものです。また、「コミュニティ」というと、中心的なリーダーがいたり、メンバー同士でつながっているイメージがあるかもしれませんが、「遊び場」くらいのニュアンスで考えれば、ネットショップの企画ページ自体が遊び場といえます。さらに、実店舗でも企画を案内することで、リアルとネットの融合も実現してしまっているのが駒子のファインプレーです。

駒子には成長が見られますが、「なぜ成長したのか」も整理してみましょう。

駒子は「なんのために商売をやっているのか」を考え抜いて、「お客さんの笑顔を増やすため」という理念に気づき、「あり方」が変わりました。お客さんとの関係性を大事にする「街の洋菓子店」というスタンスが明確になったことで、「3つのC」もリアルとネットの融合も自然なカタチで実現することができるようになったのです。

## チームで共有するワーク トラブル対応の秘訣

ＥＣのように変化の激しい環境で仕事をしていると、毎日のようにいろんな出来事が起こります。いいこともあれば、トラブルもあります。特にトラブルに対してどう対応するかで成長スピードが変わります。そんなトラブル時に役立つマジックワード「それはちょうどいいい」の使い方を身につけるには、こんなワークが効きます。

【問１】あなたはネットショップの店長です。あるときスタッフがやってきて、「大変です。ウチの発送ミスで商品が指定日に届かず、１件大きなクレームになっています」と言いました。さて、あなたはスタッフに何と言いますか？

よく出てくる回答としては、次のようなところでしょうか。
「お客さんは何と言ってるの？　なんでそんなことが起こったの？　誰がミスしたの？　今、お客さんには何と伝えてるの？」
「すぐに対応して、起こった問題を解決してくれ」
「よし、すぐお詫びに行こう」などなど。続いて質問その２。

【問２】問１と同じ問いに対して、答えを考える前に、まず「それはちょうどいい！」と口に出して言ってから、答えてみてください。

スタッフ「大変です。ウチの発送ミスで商品が指定日に届かず、１件大きなクレームになっています」
あなた「それはちょうどいい！……」

【問１】のときと、答えが変わった人はいないでしょうか？　少なくとも、問１のところの回答例として出ていた３つは、「それはちょうどいい！」のあとには続かないフレーズなはずです。あてはめてみましょう。
「それはちょうどいい！　お客さんは何と言ってるの？　なんでそんなことが起こったの？　誰がミスしたの？　今、お客さんには何と伝えてるの？」
「それはちょうどいい！　すぐに対応して、起こった問題を解決してくれ」
「それはちょうどいい！　よし、すぐお詫びに行こう」

なんかヘンですよね。別に、ちょうどよくはなってないので。一般的に、人は問題が発生すると解決しようとします。すなわち、マイナスをゼロに戻すにはどうしたらよいか、と考えがちです。

これに対して、「それはちょうどいい！」に続いて出てくる言葉は、「起こった問題を受け入れた上で、マイナスをゼロに戻すのではなく、プラスに持っていくにはどうしたらよいか」を考えるような内容になります。

このマジックワードを使うことで、あら不思議、ピンチをチャンスに変えるフレーズが自然と続いて出てくるようになるのです。たとえばこんなふうに。

「それはちょうどいい！　この際、原因を徹底的に調べて、発送ミスが二度と起こらないシステムにして、マニュアルも作ろう」

「それはちょうどいい！　お客様が驚くくらいのフォローをして、うちのファンになってもらおう」

「それはちょうどいい！」が無意識にできるようになると、ピンチのたびに成長できてしまうようになります。特に、チームのメンバーみんなでこのワークをやって、共通言語化できると効果絶大です。

# エピローグ

半年後
おい駒子
この特注バターケーキの
注文はなんだ!?
注文書
「たぬきの森にしてください」って書いてあるぞ!?
それは…
とにかくバタークリームが大大大好きなお客さんで
ドドーンとたぬきのケーキが乗ってるのがいいんだって!
クッキープレート
HAPPY BIRTHDAY
バタクリたっぷりで
たくさんのたぬきたちの森♪
お客さんより イメージ画像
茶色っぽい
バタークリーム特盛りでお願いね
わーったよ

ギフトの注文が増えたのは
お客さんの声がきっかけだった
誕生日やお祝い季節の行事に内祝
内祝い
名前入りや特注品にもできるだけ対応している
売上的にはあの頃より下がったけれど
ひと晩で５００件近い注文が入ったの？
リピーターのお客さんは増えた
藤屋さんも言ってたっけ
お客さんとのコミュニケーションが増えて 関係性が近づくことで
「このお店から買いたい」って買い方が増えます

特に ギフトに
使ってくれる人が
増えるというのが
典型パターンですね
お母さんが
クレーム対応して
くれてたお客さんも
気がつけば一番の
リピーターに
なっていた
今なら
はっきり
わかる
実店舗もネットも
お客さんとの
コミュニケーションが
一番大切だってことが
井伊
洋菓子
井伊洋菓子堂の
これからを
お客さんと一緒に
作っていきたい…！

手作りケーキ
ギク
どうしたんですか？自分の世界に入って
藤屋さん！
お久しぶりです
ちょうどよかった相談したいことが！
ドッ
わっ
猫…
今度この店の福袋を売り出すんですが
価格づけで悩んでまして
1万円 5000円 3000円の松竹梅で決まりでしょう
ズバリ
えっ 3種類？しかも松が1万円ですか!?

実は松竹梅というのは
購入心理の〝比較の壁〟を越えてもらいやすくするいいアイデアなんです
1つの価格しかないと比較できないけれど
う〜ん
どうしよう
3つあると自分はコレ！と決めやすいって意味です
コレ！
その際は5000円3500円2500円のように差が微妙なものより
1万円5000円3000円のようにはっきりしている方が迷いにくいです
意外と松が売れたりします
なるほど！
話はそれだけですか？
ゴロ
ゴロ
……
いえあの…

いつも ありがとう ございます！
？
藤屋さんが いなければ ここまで こられませんでした
なんにも わからない状態で ネットショップを 始めて
何度も失敗して その度に助けて もらって
最初はお父さんも ネットショップに 反対するだけで
なんにも協力して くれなかったし
それは 違います
え？

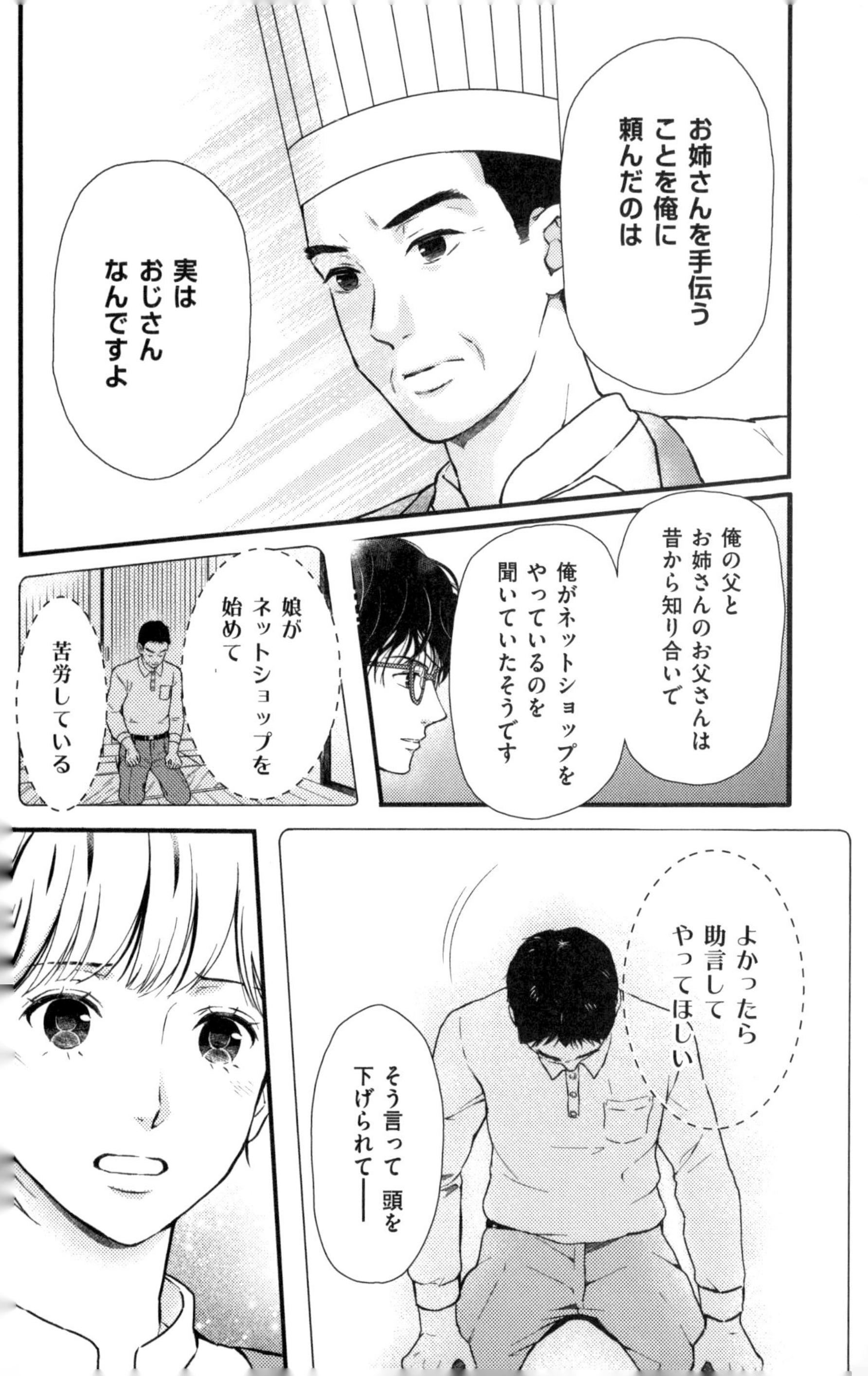
お姉さんを手伝うことを俺に頼んだのは
実はおじさんなんですよ
俺の父とお姉さんのお父さんは昔から知り合いで
俺がネットショップをやっているのを聞いていたそうです
娘がネットショップを始めて
苦労している
よかったら助言してやってほしい
そう言って 頭を下げられて——

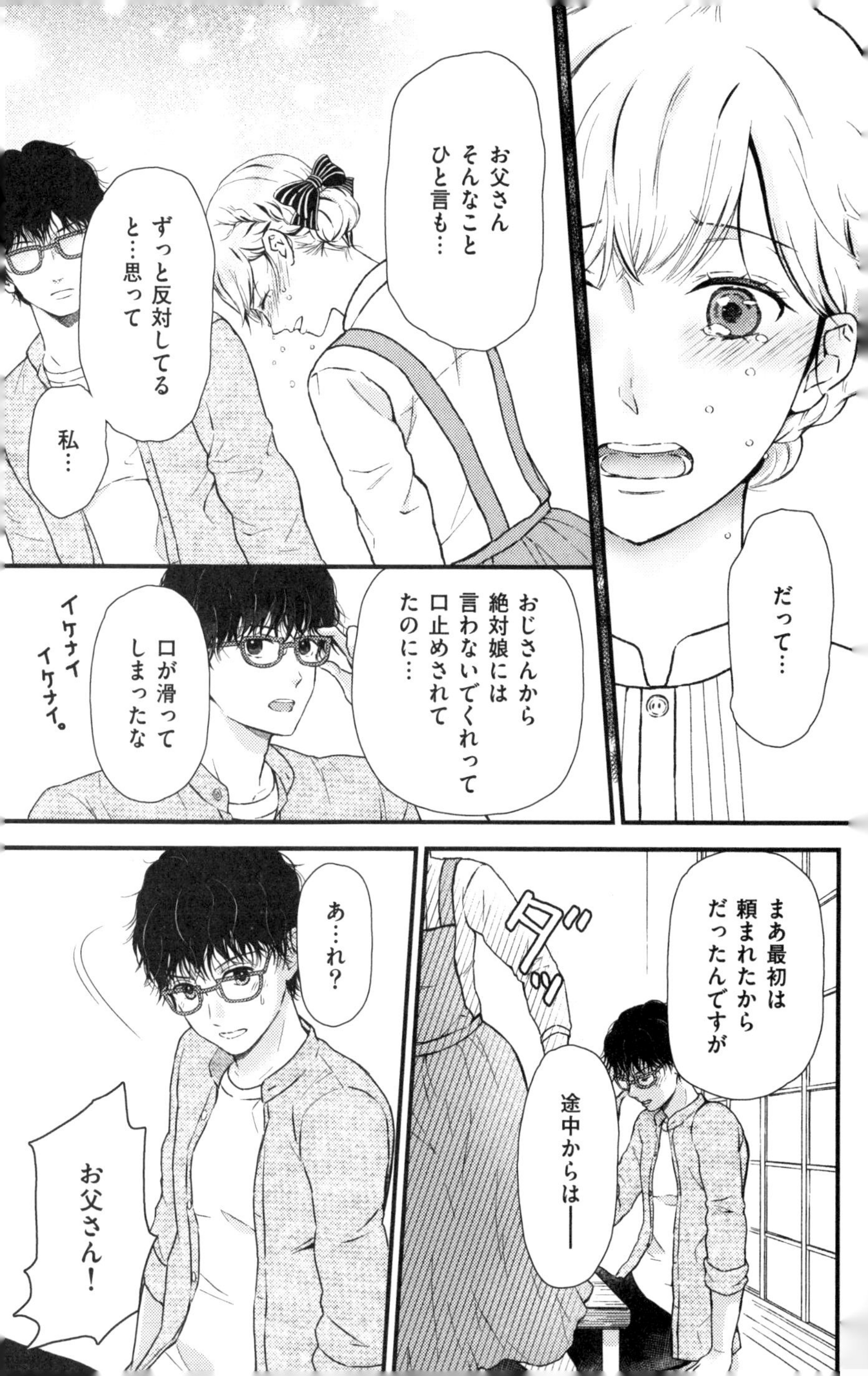
だって…
お父さん
そんなこと
ひと言も…
ずっと反対してる
と…思って
私…
おじさんから
絶対娘には
言わないでくれって
口止めされて
たのに…
口が滑って
しまったな
イケナイ
イケナイ。
まあ最初は
頼まれたから
だったんですが
途中からは――
ダッ
あ…れ？
お父さん！

やれやれ
途中からは
ただ頼まれたから
だけじゃなかったん
ですけど…ね
俺ももっと
コミュニケーション
増やさないとな
ニャッ
井伊
洋菓子堂

●おわり●

ニャッ
…ニャーッ。

# あとがき

「まんがでわかるECビジネスの本をつくりませんか?」

編集者さんからの提案に、うっかり「いいですね!」と答えてしまってから、本ができるまでに2年かかりました。

ECの世界は変化が激しいので、「今」を切り取って「すぐに役立つ具体的手法」をまとめても、本が出る頃には状況が変わっていたりします。ウェブサイトで鮮度の高い情報をいくらでも発信できる時代に、わざわざ本という形で賞味期限の短いものをつくっても仕方ない、せっかくなら長く読んでもらえる内容にしたい。

というわけで、「自分がこのタイミングにECビジネスの本を出す意味ってなんだろう?」と考え始めたら、とっても時間がかかってしまったのでした。

これまで20年間、数万社のネットショップを観察しながら支援してきました。そのなかに月刊誌を発行する仕事があって、数百人のネットショップ店長のインタビュー記事をつくってきたのですが、そこでわかったことがあります。

それは、「ネットショップ運営というものが、ものすごく人を成長させること」と「その成長ストーリーが驚くほど似通っていること」です。

なぜ成長するかというと、ネットショップではアクションを起こしたときに、それがよければすぐ反応があるし、反応がなければ「これではいけない」という反応がすぐ返ってきた、ということになります。だから、「仮説→アクション→フィードバック→学び→次のアクション」という試行錯誤サイクルを高速回転させやすいので、どんどん成長していくのです。

成長ストーリーが驚くほど似るのは、なぜでしょう。もしかしたら、人間というのはそんなに急激には変化しないものなのかもしれません。みんな同じところで落とし穴にハマり、同じ「大切なこと」に気づいて、成長ステージを上がっていきます。

まんがの力を借りることで、その2つ（ECの成長促進性と、成長ストーリーの普遍性）をわかりやすく伝えることができたら意味があるのではないか。さらには、「ECの世界で、20年間変わらないもの」のハナシなら、自分が世に出す価値があるかもしれない。

そんな想いからできたのが、この本です。

まんが自体はフィクションですが、設定やエピソードのほとんどは「これはあの店長さんのハナシ」と具体的な顔を何人も思い浮かべながら、アレンジをしたものです。
「この内容、実際にネットショップやっている人におもしろいと思ってもらえるかな？」と気になったので、まんがのラフ原稿ができた時点で、ネットショップ店長有志（ベテラン多め）に集まってもらい、原稿を読んでもらう「サキ読み会」をやってみました。
そうしたら。
「このまんがは私たちが経験してきたそのもの」
「経験したからわかるけど、これを経験してない人が読んだときに伝わるだろうか」
「これ、月商数億円レベルなら十分あてはまるし、商材も問わないよね」
「スタッフみんなで読み合わせしたい」
「これはＥＣの神話なんだと思う」
という、うれしい声をいただきました。

実はこの本は、「20年前の自分に渡してあげたい本」です。もしタイムマシンがあったら、マニュアルも前例もなく、ネットショップ店長さんたちとひたすら試行錯誤を繰り返していた頃の自分に、「これ読んでみて」と手渡したい本になりました。

最後に、この場をお借りして、20年の間にご一緒したネットショップ経営者・運営者のみなさんに感謝申し上げます。みなさんがお客さんと真摯《しんし》に向き合う姿勢から、たくさんの大切なことを学ばせていただきました。本当にありがとうございます！

まんがをつくるにあたっては、ざっくりしすぎな私の構成にユーモアを交えつつ素敵なストーリーに仕上げてくださった漫画家の高田千種さん、編集者の畔俊之さんに大変お世話になりました。作画のための取材では、ネットショップ仲間の「ロリアン洋菓子店」小島有加里さんのところへおじゃまさせていただきました。ありがとうございます！

「楽天市場」という壮大な試行錯誤の場をつくってくれた三木谷浩史さん、いつも気の利いたトークで笑わせてくれつつ仕事を応援してくれる妻と息子にも感謝です。

この本が、誰かにとって「仕事が楽しくなった」と思えるきっかけになったとしたら、望外の喜びです。

２０１９年11月　仲山進也

※紹介した4冊は電子書籍でも発売中です。

主な参考文献／
『楽天市場公式　ネットショップの教科書』（インプレスR&D）
『ヒューマン・コマース　グローバル化するビジネスと消費者』（KADOKAWA）
『楽天大学学長が教える「ビジネス頭」の磨き方　あなたの成長を加速させる10の視点』（サンマーク出版）
『あのお店はなぜ消耗戦を抜け出せたのか　ネット時代の老舗に学ぶ「戦わないマーケティング」』（宣伝会議）
『あの会社はなぜ「違い」を生み出し続けられるのか　13のコラボ事例に学ぶ「共創価値のつくり方」』（宣伝会議）

取材協力／
小島有加里（ロリアン洋菓子店）／すがのひろこ（美術家・元EC運営者）
加藤万季（Inspire）／市川祐子（マーケットリバー、元・楽天株式会社）
ふるかわりさ（お祝いギフト専門店ココレカ）／亀山晶美（かめたん工房）
川村トモエ（コマースデザイン）／浅野かおり（イーザッカマニアストアーズ）
中西 功（元・楽天株式会社）／伊倉康太（立教大学大学院経営学研究科）
鈴木咲子（フラワーギフト HANAIMO）／青井 堅（元EC運営者）
村木 昇（SMILE-EYE TACTICAL）／近藤 薫（恵那栗工房 良平堂）
平林正勝（鎧兜甲冑工房 丸武産業）／高井 尽（苗木部 By 花ひろばオンライン）

カバーデザイン／福田万美子
本文デザイン／設樂 満

校閲／野村和寿
制作／太田真由美　販売／大下英則　宣伝／井本一郎

編集／畭 俊之

［著］
**仲山進也**（なかやましんや）
仲山考材株式会社 代表取締役
楽天株式会社 楽天大学学長
創業期（社員約20名）の楽天株式会社に入社、初代ECコンサルタントとなる。2000年に楽天市場出店者の学び合いの場「楽天大学」を設立、人にフォーカスした本質的・普遍的な商売のフレームワークを伝えつつ、出店者コミュニティの醸成を手がける。2004年には「ヴィッセル神戸」公式ネットショップを立ち上げ、ファンとの交流を促進するスタイルでグッズ売上げを倍増。中小・ベンチャー企業が消耗戦に陥らない経営・マーケティングを研究している。
著書に『楽天市場公式 ネットショップの教科書』（インプレスR&D）、『「ビジネス頭」の磨き方』（サンマーク出版）、『あのお店はなぜ消耗戦を抜け出せたのか』『あの会社はなぜ「違い」を生み出し続けられるのか』（ともに宣伝会議）『今いるメンバーで「大金星」を挙げるチームの法則』（講談社）、『組織にいながら、自由に働く。』（日本能率協会マネジメントセンター）などがある。

**高田千種**（たかだちぐさ）
東京都生まれ。2003年にまんが家デビュー。以来、少年向けから女性向けまで幅広く活躍。代表作は『神to戦国生徒会』（高田亮介名義、原作／あかほりさとる）や『女王蜂〜Vampire Queen Bee〜』（ともに講談社）、『ハケンめし』（集英社クリエイティブ）、『まんがで学ぶ寿司の技術』（小学館）など。

# まんがでわかる　ECビジネス

2019年11月25日　初版第１刷発行

著者　仲山進也・高田千種
発行者　小川美奈子
発行所　株式会社小学館
〒101-8001　東京都千代田区一ツ橋2-3-1
電話　編集　03-3230-5112
販売　03-5281-3555
印刷所　萩原印刷株式会社
製本所　株式会社若林製本工場


ISBN978-4-09-388730-4